GÉORAMA

DE BREST À VLADIVOSTOK

15 000 km à travers l'Eurasie

Texte : Jean LALLOUËT – Photos : Serge VINCENTI

ISBN : 978-2-915002-41-6

Comme un trait d'union

C'était un rêve. Un rêve de passionné de la route et des voyages ; un rêve de passionné de la Russie. Rejoindre l'Atlantique au Pacifique, dérouler entre Brest et Vladivostok un ruban routier de 15 000 kilomètres, la plus longue distance que l'on puisse effectuer sur terre et sur un même continent…

À l'époque - c'était avant 1990 - le rêve se heurtait alors à des réalités géopolitiques. Un rideau de fer coupait l'élan des voyageurs au long cours. Et puis le rideau s'ouvrit, enfin. Sur une scène immense, infinie. Les pays de l'Est d'abord, la Russie ensuite. On allait pouvoir repartir sur la route de Michel Strogoff, remettre nos pas dans ceux de Blaise Cendrars, découvrir l'interminable Sibérie, aussi insondable et envoûtante que l'âme slave ; apprendre à apprécier et à connaître un peuple assoiffé de rencontre…

Depuis cette époque, j'ai personnellement multiplié les voyages en Russie, et Salaün Holidays offre chaque année la possibilité à des centaines de personnes de naviguer sur la Volga, de bénir l'Anneau d'Or, de s'émerveiller à Saint-Pétersbourg, de s'étonner à Moscou… Ou encore d'oublier le temps qui passe et les distances qui s'étirent dans un wagon du Transsibérien en route pour Pékin ou Vladivostok… Une réussite dont je suis particulièrement fier : il n'y a plus grand bonheur pour un tour-opérateur que de voir sa passion partagée par les clients qui lui font confiance.

Mais une telle réussite a son revers. Le rêve, le vieux rêve, devenait de plus en plus difficile à réaliser. Quarante jours d'absence, c'est beaucoup quand votre métier est de faire voyager les autres.

Il fallait pourtant qu'il se réalise !

J'en ai confié la mise en œuvre à Serge Vincenti et Jean Lallouët. Et ils l'ont réalisé. Dans l'esprit souhaité : montrer le savoir-faire et la compétence d'une entreprise dont l'ambitieuse devise est « Nous vous offrons le Monde » ; et enrichir ces milliers de kilomètres de rencontres, de simples gestes d'amitié échangés avec l'extraordinaire peuple du bord des routes ou avec celui qui semblait vous attendre au détour d'un petit chemin incertain, attirant comme un aimant.

C'est cela un voyage. Plus qu'un simple tracé sur une carte, un trait d'union.

Serge et Jean ont eu, en plus, la bonne idée de nous le faire partager sur le site internet de Salaün Holidays, au jour le jour, dans des conditions parfois difficiles. Des milliers d'internautes ont ainsi posé leur sac dans leurs deux 4x4 sur la route du Pacifique.

Avec ce superbe livre, ils nous invitent maintenant à feuilleter leur carnet de bord.

Alors, en route ! Nous sommes à Brest et Vladivostok est à quarante jours…

Michel SALAÜN
Président du Groupe Salaün

Brest/Vladivostock, c'est du tonnerre !

Il est des villes, souvent portuaires, qui font rêver, qui donnent l'envie du voyage, voire de l'aventure. Des villes que tout le monde connaît sans y être obligatoirement passé : Valparaiso, San Francisco, Haïphong ou Jakarta. Brest en fait-elle partie ? Je le crois. Vladivostok, certainement.

Brest/Vladivostok : on imagine le capitaine Haddock, en partance pour je ne sais quel voyage, proférant sur les quais de Vladivostok son retentissant « tonnerre de Brest » !

Brest/Vladivostok : deux villes extrêmes, opposées par la géographie mais rapprochées par leur histoire : histoire maritime, histoire militaire, faite de grandeur et de destruction. Parfois interdite aux étrangers pour des raisons de défense, mais aussi largement ouvertes aux aventures maritimes.

Il aura fallu toute l'imagination voyageuse de Michel Salaün et de ses complices Jean Lallouët et Serge Vincenti pour concevoir ce périple terrestre entre les deux villes les plus éloignées du continent eurasiatique. Voyage-trait d'union entre deux cités extrêmes, si lointaines et en même temps si proches, liées à leur destin militaire mais nécessairement soucieuses de la diversification de leur économie.

Ami voyageur, si tu ne souhaites pas faire, comme l'ami Jean, le périple routier à travers la Sibérie, au risque de tomber en panne au beau milieu du désert, il te reste le Transsibérien. Comme Blaise Cendrars, tu pourras bourlinguer de Brest à Vladivostok et ainsi comprendre un peu de l'âme russe.

François CUILLANDRE
Maire de Brest

N
MER DE BARENTS
ATLANTIQUE
FINLANDE
St Petersbourg
Moscou
Ekaterinbourg
Perm
ESTONIE
Riga
Kazan
Vilnius
BIELORUSSIE
Berlin
Bruxelles
Varsovie
UKRAINE
Brest

CARTE DE L'ITINÉRAIRE

Michel Salaün, Serge Vincenti, Jean Lallouët, Anton Panov, François Cuillandre, Stephane le Pennec.

29 mai | BREST – CAEN
kilométrage journée : 386
kilométrage depuis Brest : 386

>>>>>>>>>>>>>>>>>>>>>>>>>

ON A LAISSÉ LA *JEANNE* SUR LE QUAI

Ça y est ! Le plus dur est fait. On a réussi à quitter Brest. C'est que ce n'est pas facile de s'arracher à l'étreinte généreuse de cette ville de joies. D'autant qu'elle avait bien fait les choses, l'adorable chipie, pour nous dire au revoir. À 11 heures tapantes, nos deux voitures étaient sagement rangées sur le parvis de la mairie où nous attendait le maire de la ville, François Cuillandre. Le temps pour les trois membres de l'équipage – Serge, Anton et votre serviteur (le quatrième embarquera à la frontière russe) – de répondre aux questions des journalistes et nous voilà dans le bureau du maire, en compagnie de Michel Salaün, président du groupe Salaün, Stéphane

Le matin du départ, sur le port de Brest, devant la *Jeanne*.

Le Pennec, directeur général de *Salaün Holidays*, et une poignée d'amies et amis, évidemment très émus, pour un sympathique pot de l'amitié et du départ. Jus de pomme pour les chauffeurs. Avec modération, car on ne peut pas s'arrêter tous les dix kilomètres.

Mais la surprise est venue de la Marine nationale. Figurez-vous qu'elle avait, pour l'occasion, amarré la *Jeanne-d'Arc* au port de commerce, pour que Serge puisse faire quelques photos. La classe, non ? Du coup, les milliers de personnes venues assister à notre envol en ont profité pour visiter le vénérable navire-école. Je vous en prie, commandant, c'est la moindre des choses. On pensait en avoir fini avec les festivités. Mais c'était oublier que la route de Brest à Vladivostok passe juste devant le *Crabe-Marteau*, une auberge sympa où le tourteau découvre trop tard qu'il est comestible et que sa carapace n'est qu'une illusoire protection qui ne résiste pas à un maillet en bois. Et à 13 heures, comme par hasard, les araignées cuites du matin nous tendaient les pinces... Elles n'ont pas eu le temps de souffrir. Une bise à Martine et à Pierrot, les propriétaires du restaurant, et route pêche !

On a quand même quinze mille kilomètres à avaler...

À 18 heures, nous franchissions notre première frontière, celle que le Couesnon marque entre la Bretagne et la France, du côté du Mont-Saint-Michel (mais non, pas de Brasparts, si vous commencez à décrocher, ça va être difficile…).

Nous allons donc passer notre première nuit en terre étrangère. Mais néanmoins amie. La Basse-Normandie est une région accueillante et les Normands des voisins agréables...

Demain, on file sur la Belgique. Direction Bruxelles, avec une petite escale à Binche, la ville des Gilles.

La phrase du jour

« Quand le goéland se gratte le gland, c'est mauvais temps ;
quand y se gratte le cul, c'est pas bon non plus ! » (Proverbe brestois)

Première frontière, la Normandie ! Devant le Mont Saint-Michel.

Un compteur qui ne va pas chômer !

Le marché de Caen.

Douce France...

30 mai | CAEN – BRUXELLES
kilométrage journée : 477
kilométrage depuis Brest : 863

>>>>>>>>>>>>>>>> L'ESSENTIEL, C'EST DE NE PAS PERDRE LE NORD

Pour la grasse matinée du dimanche matin, on verra plus tard. Caen somnole encore que nos deux vaisseaux intercontinentaux font déjà entendre le grondement de leur rustique mécanique. Du viril. Avant de prendre la route du nord, un petit crochet vers le centre-ville s'impose. Pour acheter *Dimanche Ouest-France*.

« On va en prendre quatre, s'il vous plaît...

– Alors, c'est que vous devez être en photo dedans ! » pronostique la jolie dame du bar PMU.

Il faut dire que notre tenue *Armor-Lux* aux couleurs du raid l'a mise sur la voie.

« Mieux que ça, y a une page entière sur notre expédition. Pas mal, non ? »

Elle approuve et nous souhaite bonne chance.

Au premier péage, la décoration du 4 x 4, avec sa carte du parcours, donne de la lecture au préposé. « Ben, dites donc, vous êtes pas arrivés ! » Et, après avoir étudié la carte d'un peu plus près, il avance : « Ekaterinbourg,

Passage en Belgique.

c'est pas là que le tsar Nicolas II a été assassiné ?
– Gagné ! Je vous dois combien ? »

Le reste de la journée se décompte en kilomètres. Avant Bruxelles, nous avons une petite visite d'amitié à faire à Binche, au siège de *BT Tours*, une filiale du groupe *Salaün*. Accueil chaleureux et royal de Joseph Ciccoria. On en profite pour câliner un peu la voiture n° 2, qui fait preuve d'une pudeur excessive.
Dès qu'on s'approche d'elle, elle déclenche sa sirène d'alarme. C'est bien sur le principe, mais un peu embêtant lorsqu'on en est le chauffeur attitré et que l'on a comme projet de l'emmener à l'autre bout du monde. Parfois, aussi, elle refuse d'enclencher la marche arrière. Du coup on l'a surnommée la « Boudeuse ». Serge emploie un autre qualificatif moins gracieux.
C'est enfin Bruxelles. Avant de se mettre au boulot, on s'offre une première balade dans la ville. Sur la Grand-Place, bien sûr, et son architecture raffinée. « C'est comme de la dentelle », admire Anton, qui en a quand même vu d'autres. Il est originaire de Saint-Pétersbourg.

▲ Bruxelles, la rue des Bouchers.

▼ Bruxelles, la Grand-place.

La rencontre du jour

Les deux Joseph

Comme son nom ne l'indique pas, Joseph Ciccoria est belge. Un personnage, le Joseph. Grand sourire et cheveux longs. Sa chemise s'ouvre sur une véritable vitrine de bijoutier, et quelques bagues ornent délicatement des mains de déménageur. Après un agréable déjeuner en sa compagnie, nous allons nous quitter lorsqu'il nous déclare qu'il nous envie et qu'il aurait bien aimé faire partie de l'expédition. « Parce que moi-même, avoue-t-il avec au front la rougeur d'une jeune punie pour indiscipline du pensionnat des Oiseaux, je fais aussi des raids... – Ah bon ? – Oui, à moto. » Et il nous conduit au fond du garage, dans un endroit discret, avec des précautions d'amant jaloux.
« C'est avec elle que je pars tous les ans. » Elle ? Une superbe *Harley-Davidson* sortie tout droit de la Route 66. Vingt-cinq ans et tous ses chromes, un pur-sang pour costaud. « 1 450 centimètres cubes, mais, en vitesse de croisière, je ne dépasse jamais les cent kilomètres à l'heure. Un principe. » Un principe qui l'a amené l'an dernier, par exemple, à effectuer en un petit mois une virée de sept mille cinq cents kilomètres au Portugal, avec deux potes, propriétaires, eux aussi, d'une *Harley-Davidson*.

« À l'arrière du siège, je mets mon sac. Il me sert de dossier. Tu vois, comme ça... » Pour que l'on comprenne mieux, il enfourche sa bécane. Ou, plutôt, il se couche dessus. Sur le dos, les deux jambes bien allongées, les pieds à portée des pédales; les bras tendus sans raideur, les mains posées sur le guidon ajusté au millimètre. « Le grand confort, quoi ! » On pourrait peut-être faire une photo à côté de nos deux 4 x 4 ? Un peu, qu'on pourrait ! Trente secondes plus tard la *Harley* est sortie de sa sieste, et le garage de *BT Tours*, jusque-là plongé dans une douce torpeur dominicale, se transforme, au niveau sonore, en une ligne de départ du Bol d'or. Derrière le siège de la moto, un petit singe en peluche, coiffé d'une casquette, une paire de lunettes de soleil sur le front comme les vieux bikers, est solidement sanglé.
« Lui, nous confie Joseph, c'est mon compagnon. Il est de toutes mes virées.
– Et comment s'appelle-t-il ?
– Comme moi, Joseph. »
Évidemment.
Bonne et longue route à tous les deux !

Joseph Ciccoria, devant le siège de *BT tours*.

La boisson du jour
La bière

La Belgique est « le » pays de la bière. On en dénombre de deux cent cinquante (selon la police) à quatre cent cinquante (selon les brasseurs). Elles ont chacune leur goût et leur verre dédié. Et le Belge, le plus gros buveur de bière du monde, ne plaisante pas avec cette boisson dans laquelle se dissolvent toutes ses querelles internes. Il y a les bières des trappistes, la gueuze de Bruxelles, dont le brassin est ensemencé par une bactérie qui ne batifole que dans l'air de la capitale européenne. On l'aromatise, parfois, avec de la cerise fermentée, qui vous donne la « *kriek* », au goût sucré et à la couleur somptueuse. Ma préférée ? la *Kwak*, servie dans une sorte d'éprouvette sans pied, évasée en son fond et tenue dans un socle en bois. Un bonheur facétieux car la dernière gorgée, mal négociée, peut vous monter au nez comme un ressac sur une plage riante. Le creuset de la Belgique – erreur historique et géographique, comme l'a qualifiée l'un de ses rois – est une chope magique. Elle est donc éternelle.

La phrase du jour

« Si l'on vous sert une tasse de café, ne vous efforcez pas d'y trouver de la bière. » (Anton Tchekhov)

Le centre de Bruxelles, plein de vie et de chaleur humaine…

Noordzee
Mer du Nord
SHOE Discount

LABOUREUR
Jupiler
STELLA ARTOIS

Une traversée de l'Allemagne dans la tourmente.

31 mai | BRUXELLES – BERLIN
Kilométrage journée : 774
Kilométrage depuis Brest : 1 637 >>>

Ich bin ein Berliner

Nous sommes arrivés hier, comme prévu, à Bruxelles. La Belle. Assez tôt pour prendre le temps de flâner dans le cœur historique de la ville. La Grand-Place, bien sûr, mais aussi toutes les petites rues, bruyantes et animées, qui l'entourent. Bruxelles n'a pas perdu son âme, malgré tous les dommages architecturaux qu'elle subit depuis qu'elle a été élevée au rang de capitale administrative de l'Europe. Malgré, aussi, le fait qu'elle est l'enjeu et la cause – partielle – des querelles ethniques qui déchirent la Belgique. Pourtant, les moules-frites de la rue des Bouchers, où l'on se faufile entre des terrasses qui se moquent de la fraîcheur du soir et des courants d'air, pourraient avoir valeur de traité de paix. La Belgique s'y retrouvera. Jules César ne disait-il pas que, de tous les peuples de la Gaule, les Belges étaient les plus braves ?

Berlin, grelottante.

Cette journée fut une longue journée de route. Avec une courte incursion en terre hollandaise, le temps de vérifier que les paysans du Limbourg flanqueraient la honte à un paysan léonard avec la rigueur géométrique et picturale de leurs plantations. Et c'est l'Allemagne. L'autoroute, dont les bornes ont pour nom les grandes villes du Nord : Cologne, Dortmund, Dresde... C'est une grande traversée du poumon de l'Europe occidentale. Routes, canaux, ports, tout ce que nous produisons ou consommons semble passer par là... Mais le poumon est au bord de la congestion. La circulation est intense, les bouchons gigantesques et effrayants quand un ciel gris vous empêche de savourer un paysage qui reste beau dans cet univers industrieux.

Au bout du chemin, il y a Berlin. Berlin l'unique.

Travail à la commission

C'était dans une station-service, en Hollande, à quelques kilomètres de la frontière allemande. Les toilettes étaient barrées par un portillon genre métro parisien. Qui ne laissait le passage que si vous glissiez un demi-euro dans la fente libératrice. Dans un pays où l'on boit de la bière dès le sevrage, on peut imaginer qu'il s'agit là d'un investissement plus rentable qu'un placement en bourse.

On trouvera peut-être le procédé un peu mesquin. Deux remarques toutefois.

1. Les toilettes étaient propres.
2. La dame-pipi automatisée avait l'amabilité de vous délivrer un reçu en bonne et due forme.

Ce qui vous permet de justifier auprès de votre employeur une dépense évidemment liée à votre travail. Et d'en demander le remboursement à la comptabilité, qui aura toujours la solution d'ouvrir dans ses livres une colonne « frais de miction ».

La phrase du jour

« Partir, c'est mourir un peu. » (Edmond Haraucourt)
« Partir, c'est crever un pneu.. » (Coluche)

l'Europe du tri sélectif, ...

... de la haute gastronomie... et des machines futuristes...

Devant la porte de Brandebourg.

1er juin, BERLIN – VARSOVIE
kilométrage journée : 626
kilométrage depuis Brest : 2 263

>>>

Bye bye, Charlie !

Un peu triste, Berlin, en ce petit matin de Toussaint. Pluie glaciale, ciel gris, rues balayées par un vent... sibérien (enfin, faudra comparer). Un vrai temps de guerre froide. Comme au cinéma, genre *Le Troisième Homme.*

Au programme, le cœur historique de la ville et les derniers vestiges du mur de la honte, érigé en 1961 et abattu le 9 novembre 1989 dans un mouvement de liesse populaire.

Mais, d'abord, la porte de Brandebourg, arc de triomphe symbole de la puissance allemande et dont l'imposante architecture servit trop longtemps de décor aux démonstrations orgueilleuses du régime nazi. Aujourd'hui, il est tout simplement majestueux et domine l'interminable avenue qui coupe en deux un immense parc, incroyable poumon d'une ville qui a le sens de la grandeur. Au point de s'y perdre ! Comme nous.

Checkpoint Charlie.

Le Reichstag, pas de problème. On l'a vu. Et même revu et encore revu, puisque l'on tournait en rond. On cherchait à atteindre Checkpoint Charlie, le plus célèbre des quelques passages contrôlés entre l'Est et l'Ouest. Le demi-tour à l'entrée d'un joli petit square qui n'était visiblement pas taillé pour recevoir deux 4 x 4, même animés des meilleures intentions du monde, ne fut pas glorieux.

Serge eut finalement la bonne idée de demander notre chemin à un passant qui passait par là, comme il arrive à un passant de le faire. Le hasard voulut que ce fût un Asiatique, l'appareil photo en bandoulière. Fort affable, l'homme nous arracha le plan de Berlin des mains et nous entreprit dans un sabir qui mélangeait, dans le plus grand désordre, l'anglais et l'allemand. Devant notre incompréhension, il haussait le ton et le débit de ses paroles, nous laissant de plus en plus perplexes sur la route à suivre. Avant qu'il ne déchirât notre guide touristique, on préféra lui dire qu'on avait bien compris, on le remercia, et on reprit notre errance berlinoise.

Avant, il était difficile de passer à l'Ouest.

Aujourd'hui, pour nous, c'était de passer à l'Est…

Finalement, après avoir brûlé la priorité à un tram, flirté avec des sens interdits, nous y arrivâmes. Perdu au milieu d'une armée de cars, photographié sous toutes les coutures, il semblait bien dérisoire, le Charlie. Ainsi, cette petite guérite calfeutrée derrière un muret de sacs de sable avait été pendant des années le bastion avancé du monde occidental, la porte interdite à ceux qui rêvaient des lumières de l'autre ville… À côté, une petite boutique vend encore des uniformes de soldats soviétiques ou est-allemands, avec décorations. Demain, ce ne sera même plus un souvenir à rapporter de Berlin. Il y a tant d'autres choses à y faire et à y voir.

La phrase du jour

La phrase : « Ich bin ein Berliner » *mérite quelques commentaires.*
Elle fut prononcée par J.F. Kennedy, lors de sa visite à Berlin en 1963.
En pleine guerre froide, à portée de voix de l'"ennemi", elle eut un retentissement énorme. Et prit sa place dans les phrases historiques au même titre que le « Veni, vidi, vici » *de Jules César, le* « Vive le Québec libre » *du général de Gaulle, ou* « L'essentiel, c'est de ne pas abuser des sauces », *du chef gaulois Abraracourcix.*
Il se trouva pourtant quelques linguistes sourcilleux pour souligner que le président des États-Unis d'Amérique avait commis une faute qui rangeait, effectivement, sa déclaration dans l'Histoire, mais au rang des bourdes.
Il aurait dû dire : « Ich bin Berliner ». *En ajoutant l'article* ein, *il aurait annoncé aux Berlinois : « Je suis un beignet »,*
Berliner *étant le nom donné à cette gourmandise locale.*
Près de cinquante ans après, le débat n'est pas clos.
Si J.F.K. s'était adressé aux habitants de Hambourg, l'affaire aurait été entendue.
« Ich bin ein Hamburger » *aurait fait rire, sans s'embarrasser de querelles sémantiques.*

Direction la Pologne.

Poznan, une petite ville charmante.

Attention ! Pologne, chantier ouvert !

Peut-être que le vrai changement de ces dernières années, concrétisation de cette Europe grandissante, c'est à la frontière germano-polonaise que nous l'avons vécu. Sans même nous en rendre vraiment compte. Cette frontière, nous l'avons franchie sans un coup de frein, sans un contrôle. « La première fois que je l'ai passée, en 1987, j'avais attendu plus de huit heures ! », nous rappelle au téléphone Michel Salaün, soucieux des avancées et du bien-être de son équipage.
Aujourd'hui, aux embouteillages douaniers ont succédé les embouteillages routiers ! Ils apparaissent quelques kilomètres après la frontière. Les Polonais sont en train de percer dans une forêt de sapins une autoroute qui s'annonce magnifique. Pour l'heure, les bulldozers ne laissent qu'une étroite voie de circulation, sur laquelle se traînent d'interminables colonnes de camions et de voitures. L'ouverture des frontières a pris de vitesse les équipements.
Pour rattraper l'Histoire, la Pologne est devenue un vaste chantier. Et la route de Poznan est une longue école de patience. Sur le bord de la route, des marchands sortis de nulle part vendent des asperges, partageant les entrées de chemins forestiers avec d'autres belles plantes dont la consommation ne s'affiche sur aucun menu et que la bonne morale condamne.
Après Poznan, c'est encore une longue route vers Varsovie, plus tranquille, dans un paysage qui porte les traces des inondations dont le pays a terriblement souffert il y a quelques jours.
Enfin, Varsovie… Il est déjà tard.

Camembert et vin rouge

Je suis un peu confus de vous mêler à ma vie familiale, mais ce passage à Poznan avait, aussi, un but humanitaire. Mon fils y vit depuis quelques années. Il y enseigne le français. Pour son plus grand bonheur. Il trouve la vie agréable et passionnante dans ce pays qui se reconstruit et donne sa place aux jeunes. Ce qui n'empêche pas de trouver l'éloignement parfois pesant et d'associer sa mère patrie à des manques qui, pour être secondaires, n'en sont pas moins pénibles. Notre convoi avait donc l'essentielle mission de lui livrer un camembert, un petit cubi de vin rouge, des crêpes bigoudènes et un gâteau breton. De quoi tenir jusqu'aux vacances.
Mission accomplie ! Son bonheur – et celui de sa compagne, Ania – fut le nôtre.

L'autre phrase du jour

« Quand j'écoute du Wagner, j'ai envie d'envahir la Pologne. » (Woody Allen)

À travers la Pologne bucolique.

2 juin, VARSOVIE – VILNIUS
kilométrage journée : 607
kilométrage depuis Brest : 2 870

Polonaise, douce campagne

Ah ! la belle journée… Des kilomètres, bien sûr. Mais pas d'autoroute. Juste des nationales qui ressemblent à des départementales, des départementales qui ressemblent à des vicinales, et des vicinales qui attendent de grandir pour être des routes. Le GPS nous avait prévenus. L'itinéraire une fois programmé, il avait, en toute honnêteté, posé la question : « Acceptez-vous d'emprunter des routes sans revêtement ? » Un peu, mon neveu ! Les 4 x 4, c'est pas fait pour rouler sur de la moquette…

On s'est donc perdus dans la campagne polonaise, après avoir quitté un peu trop rapidement Varsovie, non sans regrets. On y reviendra, c'est sûr. Mais il nous fallait remonter encore vers le nord, vers la Lituanie.

En attendant, la campagne polonaise avait rudement bien fait les choses. Un peu de soleil – enfin ! – du grand air – ouf ! – et de la verdure, de la verdure, de la verdure… Des prairies à vous donner envie de devenir vache, des forêts aux arbres alignés comme une revue militaire, des lacs qui prennent des bains de pieds dans les herbes hautes et jouent avec des bateaux trop grands pour eux.

Dans ce décor monochrome, des petites taches de couleurs, des moments de vie : des petits tracteurs verts ou bleus, d'un autre temps mais encore assez costauds pour butter quelques rangs de pommes de terre dérobés aux pâturages ; des juments lascives et racées qui cajolent leurs poulains insouciants ; des vaches indolentes qui ruminent du Gauguin. Et puis, tout un monde agricole que l'on ne connaît plus et qui semble croire que rien ne troublera jamais le rythme des saisons : un vieux paysan immobile, dont la casquette coiffe un visage qui a oublié le rasoir ; une paysanne penchée sur la terre pour y cueillir les premiers légumes du printemps, sous le regard d'enfants patients.
J'allais oublier les cigognes. Perchées dans des nids savamment construits sur des poteaux – électricité et téléphone gratuits – elles dominent cette campagne où elles sont si heureuses qu'elles ont oublié depuis longtemps les éreintantes migrations hivernales vers l'Afrique de leurs ancêtres.
On se sent tellement bien dans cette Pologne si paisible.
Le passage de la frontière lituanienne se fit aussi en douceur. Un douanier contrôlait un camion, derrière lequel nous nous rangeâmes sagement, prêts aux formalités d'usage. Il nous regarda et, par signes, demanda à ses collègues, qui attendaient à quelques mètres, assis dans une voitures aux portières ouvertes, de venir nous prendre en main.

Ces derniers lui signifièrent, toujours par signes, qu'ils avaient une sieste sur le feu et qu'il était hors de question de l'interrompre pour passer au peigne fin des véhicules dont la classe et l'élégance présageaient, à coup sûr, la présence à leur bord de personnages importants qui ne leur vaudraient que des ennuis.
On pénétra donc sans autre manière le territoire lituanien. Les soucis survinrent quelques kilomètres plus loin, dans une station-service où nous nous arrêtâmes pour donner à boire à nos bêtes – cette journée champêtre me porte sur la métaphore rurale. Le tenancier se montra bien plus sourcilleux que les garde-frontières. Quand on lui présenta notre carte de paiement pour le carburant, il afficha une moue dubitative et exigea de connaître le montant des crédits affectés à ladite carte. Nous n'en savions rien mais nous lui précisâmes par écrit le nom et le numéro de téléphone de notre employeur, qui ne manquerait pas de lui fournir cette information, apparemment essentielle. La seule lecture de ces références le calma. Notre patron était sans doute déjà passé par-là.
Il nous imposa toutefois d'oublier le gas-oil bas de gamme et de prendre le carburant le plus cher. Notre patron n'était donc jamais passé par-là.
Ce surcoût ne nous donna même pas le droit d'utiliser les toilettes, qui étaient fermées. Et pas que de l'intérieur. Sans doute sont-elles réservées à la clientèle du dimanche. Ce n'est pas très grave. Depuis qu'on a laissé entrevoir la possibilité d'intégrer à nos notes de frais le coût des toilettes payantes, il nous a été vivement conseillé de nous soulager sur le bord des routes.
Notre entrée en Lituanie a donc été arrosée comme il se doit.
La nuit tombait lorsque nous arrivâmes à Vilnius. Où nous avons perdu – ou gagné ? – une heure. Ce premier décalage nous valut de nous présenter dans des restaurants qui fermaient. Mais, de ces entorses à la plus élémentaire des diététiques, nous en parlerons une autre fois. Si nous y survivons.

La phrase du jour

« J'ai connu une Polonaise qui en prenait au petit déjeuner… Faut pourtant reconnaître que c'est plutôt une boisson d'homme. » (Michel Audiard, Les Tontons flingueurs*)*

L'homme est un loup pour l'homme

Sur notre route, nous avons fait un détour pour visiter le « retranchement du Loup », à Gierloz, près de Ketrzyn. Hitler avait construit là, sur huit cents hectares, un quartier général. Un ensemble de bunkers, de pavillons, de casernes, dans lequel se retrouvaient le Führer, son état-major et, de temps à autre, des invités de marque. C'est là qu'eut lieu l'attentat du 20 juillet 1944, auquel le chef du IIIe Reich échappa miraculeusement. Des milliers de travailleurs participèrent à sa construction. Aujourd'hui, tout est en ruine et seuls des blocs de bétons désarticulés témoignent de la folie d'un homme. La visite ne présente qu'un intérêt relatif. Aujourd'hui, la « tanière du Loup » est intégrée à un grand parc naturel.
Et, sur les lacs voisins, il y a des cygnes.
C'est bien plus beau.

▲ En Lituanie, les maisons de bois annoncent déjà la Russie.

▼ Le retranchement du loup, mémoire des heures sombres.

En Lituanie. Siaulia, la « colline des Croix ».

3 juin, VILNIUS – RIGA
kilométrage journée : 392
kilométrage depuis Brest : 3 262

Si tu ris, Riga tu aimeras

C'est étonnant comment une frontière, que l'on pourrait réduire à un simple trait arbitrairement tiré sur carte – ce qu'elle est parfois – peut marquer une différence. Le passage entre la Pologne et les pays Baltes le démontre. Les paysages lituaniens et lettons sont tellement différents de ceux que nous avons traversés la veille, dans le nord de la Pologne.

Vallonnés hier, ils sont aujourd'hui plats comme la Beauce. Les fermes n'ont plus le même visage. Le bois s'impose et l'architecture annonce déjà la Russie toute proche. Même lorsque le temps les a teintées de gris, elles gardent encore une noblesse héritée d'une époque où la richesse était rurale. On les imagine cossues et colorées.

Pour tout vous dire, nous avons carrément snobé Vilnius et choisi de faire un petit détour par le village de Siauliai, célèbre pour sa « colline des Croix ». Le site est aujourd'hui très touristique et n'est pas épargné

par les marchands de souvenirs, mais il garde pour les Lituaniens, qui en ont fait le plus important lieu de pèlerinage du pays, toute sa puissance symbolique et religieuse. Depuis le XIVe siècle, les croix ne cessent de s'accumuler sur ce minuscule tertre pour marquer la résistance des catholiques lituaniens, la volonté d'indépendance de cette petite nation dont le nom a parfois disparu des cartes. Les derniers assauts contre cette colline insolente furent, dans une histoire récente, menées par les Russes. Entre 1945 et 1990, alors qu'ils occupaient le pays, ils y envoyèrent des bulldozers.

En vain, les croix se redressaient toujours. Aujourd'hui, la colline a retrouvé paix et reconnaissance. En 1993, le pape Jean-Paul II s'y arrêta et la déclara site d'espoir, d'amour et de paix. Qu'il en soit toujours ainsi.

Route vers Riga, la capitale de la Lettonie, à quelque deux cents kilomètres de là. Avant de la voir, nous l'avons sentie. Une bonne brise marine a mis en joie les poumons du Breton et d'Anton, le marin russe. La mer ! Nous l'avions quittée depuis Brest et elle est à nouveau là, toute proche. On ne la retrouvera plus aussi proche avant Vladivostok.

Pour l'heure – et puisque cette courte étape nous laisse une belle fin d'après-midi de liberté – nous découvrons avec bonheur Riga, la belle, Riga, le « petit Paris du nord », comme elle se fait parfois appeler. Sous la conduite d'Eriks, un guide professionnel qui s'est aimablement mis à notre service, nous arpentons les rues de la vieille ville. Mais vraiment vieille ! Dans des recoins, à l'ombre de la cathédrale Saint-Pierre, se nichent des immeubles du XVIe siècle. Un miracle, car la ville a été sévèrement bombardée durant la Seconde Guerre mondiale.

Sur la place Dom, les terrasses des cafés ne désemplissent pas ; les squares bruissent d'enfants turbulents comme des moineaux au printemps ; touristes et Riganais déambulent dans les rues, sans empressement excessif, dans l'attente d'un karaoké qui animera l'apéritif, ou du concert qui donnera au crépuscule des envies d'aube. Les « nouveaux » quartiers – ils ont quand même quelques décennies d'histoire – ne manquent pas de charme et leurs grands immeubles rivalisent de trouvailles architecturales, parfois étonnantes, qui s'offrent à celui qui sait lever le regard.

Il faisait bon vivre, ce jour-là, à Riga, insouciante et festive, encore ivre de sa liberté retrouvée.

La phrase du jour

« Qui voit Vilnius en veut toujours plus ; qui voit Riga ne regrettera pas d'être un gars. » (Yves Éco, Pensées)

La leçon de modestie du jour

Nous venions de ranger – non sans mal – nos deux voitures dans le garage de l'hôtel qui nous accueillait à Vilnius. Avec l'aide d'un préposé au parking particulièrement aimable.

Les manœuvres terminées, il prit le temps de regarder le tracé de notre voyage sur la carte qui orne les véhicules. Nous attendions une remarque flatteuse sur notre intrépidité, notre audace, voire des reproches sur notre inconscience. Il se contenta de raconter que l'an dernier, dans ce même garage, il avait accueilli des Australiens qui venaient… d'Australie. Ils avaient traversé leur continent, pris le bateau, abordé la côte chinoise et ils étaient en route pour Berlin. Alors, nous…

Bon, d'accord. Mais ils ont quand même fait beaucoup de bateau. Et ils ne sont pas allés jusqu'à Brest. M'enfin !

Le point du jour

Riga est une ville hanséatique. Ce n'est pas une maladie. Cela signifie simplement qu'elle a fait partie de la « Hanse », une association de marchands créée au Moyen Âge, qui se développa dans plusieurs grandes villes d'Europe et plus spécialement dans des ports de la mer Baltique et de la mer du Nord à partir du XIIIe siècle, pour développer le commerce maritime. Hambourg en fut le berceau.

On appellerait cela aujourd'hui un réseau. Aux activités marchandes, la Hanse associait une volonté de conquête religieuse. Elle s'éteignit progressivement vers la fin du XVIe siècle, mais elle marqua profondément l'histoire des villes et comptoirs où elle s'était implantée par la prospérité et l'indépendance économique et politique qu'elle leur apporta.

Lettonie, Riga la charmante.

Passage en Estonie, facile...

4 juin , RIGA – PSKOV
kilométrage journée : 296
kilométrage depuis Brest : 3 558

>>>>>>>>>>>>>>>>>>>>>>>>> JEUX AVEC OU SANS FRONTIÈRES

Pour gagner la Russie à partir de Riga, c'est simple. Vous prenez la grand-rue et c'est tout droit. La frontière est à deux cent vingt bornes, à deux ou trois nids-de-poule près. Mais, avant, vous faites une petite incursion en Estonie. Juste le temps de vous dire que vous avez traversé les trois pays Baltes. Et de faire une photo, bien sûr, pour immortaliser la scène dans votre carnet de route.

La photo, c'est justement le problème. Les Estoniens ne sont pas très à cheval sur la signalétique frontalière. Vous quittez la Lettonie sans même avoir aperçu le moindre panneau indiquant que vous entrez en Estonie. Serge n'est pas satisfait. Une déviation permettant de l'éviter, nous avons laissé sur notre droite le poste douanier, hier imposant et aujourd'hui totalement abandonné. Ce panneau collector doit bien encore exister quelque part. Au-dessus de la vieille guérite, avant ou après. Donc, demi-tour. On refait les choses dans l'ordre.

Et puis en Russie, un peu plus compliqué…

Personnellement, c'est bien la première fois que je m'offre le plaisir de repasser une frontière à peine après l'avoir franchie. Vous imaginez la tête du douanier, s'il y en avait un ?

Ce petit plaisir, on a bien fait de le savourer. Parce que, quelques kilomètres plus loin, un demi-tour ne pourrait être inspiré que par la trouille qu'engendre l'énorme ensemble qui protège la terre russe de l'envahisseur. S'ils avaient eu devant eux un bazar comme ça, ni Napoléon ni Hitler n'auraient eu l'audace d'aller importuner les Russes. Même avec des papiers en règle.

Première station : s'arrêter au bout d'une queue de quelques centaines de mètres. Ce n'est pas très long, me direz-vous. Mais, quand à l'autre bout il y a un feu rouge qui passe au vert trente secondes toutes les deux heures, ça vous plombe vite fait un week-end en amoureux à Saint-Pétersbourg.

Deuxième station : traiter avec le petit commerce local. Deux hommes en survêtement – c'est le costume traditionnel dans cette région – et une femme dotée d'une gouaille de poissonnière ont monté une petite entreprise dont la simplicité donnerait le cafard

aux crânes d'œuf des écoles de commerce. Vous positionnez une voiture pourrie quelques mètres avant le stop où l'on doit attendre le passage des feux au vert. Puis vous remontez la file d'attente en proposant aux automobilistes énervés de doubler tout le monde et de venir se placer en tête, sur les quelques mètres privatisés, vraisemblablement sans autorisation préfectorale. Deux heures de gagnées pour la modique somme de quarante euros. Les cartes de crédit et les chèques, même certifiés, ne sont pas acceptés. Investissement : dérisoire, une épave. Risques : nuls, à moins que la Russie n'intègre l'Union européenne, ce qui imposerait une délocalisation d'urgence vers l'Asie centrale. Mais, même si nous sommes devenus des partisans convaincus de cette nécessaire ouverture à l'Est, ce n'est pas à l'ordre du jour. Pour être francs, nous sommes devenus clients de cette petite PME exemplaire à défaut d'être vertueuse.
Troisième station : la frontière estonienne. Là, notre fournisseur d'accès ne peut plus rien pour nous. La poissonnière est repartie à la pêche. Il faut donc attendre le fameux feu vert et patienter devant un nouveau stop. En estonien, stop s'écrit avec deux « p ». Ça calme. Non seulement tu t'arrêtes, mais t'as envie d'enterrer ta bagnole. Deux petites heures plus tard, nous voilà devant les garde-frontières estoniens, sous un grand hangar en tôle. Fort sympathiques au demeurant, les gabelous. Mais, comme plus loin leurs collègues russes font durer le plaisir, eux aussi prennent leur temps. Fouillent distraitement votre voiture. Lisent et relisent les cartes grises. Passent au micro-ondes vos passeports. Bref, on s'occupe. Et nous aussi. En chassant une armée de moustiques, qui refait Pearl Harbor et vous laisse exsangues.
Quatrième station : la frontière russe. Avec un premier contrôle de passeport. Puis, une demi-heure plus tard, un contrôle de police. Passeport encore, des fois qu'on en aurait changé, inspection des véhicules… La routine, quoi !
À notre grande surprise, le fonctionnaire est affable comme une hôtesse d'office de tourisme. Guilleret, même. On a compris pourquoi après. Le gredin savait

6 heures d'attente !

Mais nous y sommes ! En Russie !

▲ Nous retrouvons Serguei, l'équipe est au complet.

▼ Dans les rues de Pskov.

qu'il nous libérait pour nous livrer aux pattes de la douane. Une douanière, en l'occurrence. Pas méchante, mais disons désarmante. D'entrée, elle a rejeté, avec un air dégoûté, tous les documents que nous lui avons présentés. Selon elle, nous avions tout faux, et la perspective de la saisie des voitures et d'une reconduite manu militari chez les Estoniens n'étaient pas à écarter.

On lui expliqua que nous faisions un raid d'amitié franco-russe, que le maire de Vladivostok avait déjà mis sa femme aux fourneaux pour nous accueillir ; on lui montra le Salaün magazine, Dimanche Ouest-France qui parlait de nous… Rien n'y fit. Elle gardait la mine d'un bouledogue affamé auquel on présente une botte de poireaux. Visiblement, on l'ennuyait. Pire, on l'agaçait.

Excédée, elle finit par nous demander de remplir deux formulaires de déclaration douanière. Ce que nous fîmes avec empressement. Trop, sans doute, car elle nous fit refaire notre copie trois fois. Quatre, pour Serge, qui n'est pas très paperasse.

Puis on passa à la fouille de nos 4 x 4 au long cours.

Une dernière formalité qui faillit tourner mal. Le carton de champagne, que nous emportons avec nous pour fêter notre arrivée à Vladivostok, lui semblait de mauvais goût. Fallait-il lui offrir une bouteille ?

La prévarication n'était visiblement pas sa tasse de thé, au grand désappointement de son collègue, plus enclin à partager notre soif d'amour pour son pays.

De guerre lasse et après quelques derniers reproches du genre « On se retrouvera », elle nous laissa partir pour s'occuper de la longue file que notre incompréhension du droit russe avait encore fait grossir.

Nous, on mettait le point final à six heures d'attente. Plus une de décalage. Le premier fuseau horaire russe se mérite !

Vingt kilomètres plus loin, nous nous arrêtions dans la petite ville de Pskov. Serge a fait une belle photo du splendide kremlin local, et Sergueï, notre quatrième équipier, qui nous attendait là depuis 15 heures, avait eu le temps de repérer un restaurant qui servait une truite délicieuse.

Saint-Pétersbourg, ce sera pour demain.

Mais nous sommes en Russie !

La phrase du jour

« Pour chaque désir, il y a de la patience. » (Proverbe russe)

Le kremlin de Pskov.

Entre Pskov et Saint-Pétersbourg.

5 juin, PSKOV – SAINT-PÉTERSBOURG
kilométrage journée : 302
kilométrage depuis Brest : 3 860 >>>>

À SAINT-PÉTERSBOURG, ON A VRAIMENT FAIT LES PONTS

On accède à Maïakow par un chemin de terre introuvable, à droite, sur la route qui mène de Pskov à Saint-Pétersbourg. Il vous conduit à un petit village qui regroupe quelques datchas. La plupart sont abandonnées et ont perdu leurs couleurs d'antan. Celle de Tamara a encore fière allure. En nous voyant arriver, elle s'est approchée de la clôture qui ferme un jardin où les plants de pommes de terre saluent en rangs serrés l'arrivée du printemps. La récolte s'annonce aussi généreuse que le corsage de la jardinière.

Elle est curieuse, Tamara. On lui explique d'où on vient. Elle nous raconte son village lorsqu'il comptait encore deux cents habitants. Aujourd'hui il n'accueille plus qu'une poignée de résidents secondaires qui viennent là passer les week-ends et les vacances. Le décor est paisible et verdoyant. En bas de la prairie, cachée sous les arbres, coule une rivière à l'eau teintée de brun par la tourbe qui lui sert de lit.

À quelques mètres du bord, de modestes baraques, un peu déglinguées, sont alignées, blotties les unes contre les autres. Ce sont des saunas. « Avant, explique

Saint-Pétersbourg, la cathédrale Saint-Sauveur-sur-le-Sang-Versé.

Saint-Pétersbourg, l'Ermitage.

Anton, il n'y avait pas de baignoire dans les datchas. On se contentait d'un sauna le samedi. C'est très bon pour la santé. J'en ai construit un dans la datcha de mon père. »

Quand nous avons dit au revoir à Tamara, toute sa famille s'était progressivement rassemblée autour d'elle, pour participer à la discussion et à ce qui constituerait, sans doute, l'événement du jour. Le village avait retrouvé sa place.

Sur la route de Saint-Pétersbourg, on a eu la preuve que cette tradition du sauna est toujours bien vivante. Sur les minuscules étals sauvages, on ne vend plus du miel ni des asperges, mais des branches feuillues de bouleau. Elles servent à se fouetter dans la chaleur moite des saunas poussés à 100°C. Pour l'avoir testé lors d'un précédent voyage à Mourmansk, je peux vous assurer que ça vous décape, genre Monsieur Propre, du sol au plafond. C'est vrai qu'après un tel traitement – on m'avait ensuite roulé dans la neige par moins 35°C – on peut attendre le samedi suivant, sans risquer d'incommoder ses voisins de table.

À moins d'abuser de l'ail quotidiennement.

Malgré cette halte agréable, c'est en pleine journée que nous pénétrons dans Saint-Pétersbourg la magnifique, sortie d'un marais nauséabond par la seule volonté d'un tsar – Pierre le Grand – qui rêvait déjà d'une grande Russie, ouverte à la fois sur l'Atlantique et sur le Pacifique.

Comment découvrir en si peu de temps une ville dont chaque rue est un musée ? On décide qu'après avoir fait tant de voiture, on va se détendre en bateau. En embarquant sur l'une de ces vedettes qui sillonnent les canaux de la « Venise du Nord ». C'est une excellente idée. Cette promenade offre une vision – certes un peu rapide – différente de celle que l'on peut avoir en arpentant les longues avenues de l'ancienne capitale, tracée au cordeau. Au lieu d'être sur les ponts, on passe en dessous. À les toucher de la main. Le tirant d'air est si faible qu'il faut parfois se coucher si l'on ne veut pas y perdre la tête.

L'homme du jour

Anton, le marin de Saint-Pétersbourg

Grand jour pour Anton, l'un des deux équipiers russes de notre expédition. C'est le régional de l'étape. Il est né à Saint-Pétersbourg, il y a quarante-trois ans. Son père était ingénieur de l'armement et sa mère y enseigne toujours les mathématiques.

Anton, lui, depuis son plus jeune âge a de l'eau salée dans les veines. « J'ai toujours dit que je serai marin. » Il le sera. À 18 ans, il entre à l'Académie de la marine marchande de Saint-Pétersbourg. Une prestigieuse école dont il sort officier. Il poursuit ses six années d'études par une spécialisation pour naviguer sur les grands voiliers que la Russie a récupérés à la fin de la Seconde Guerre mondiale au titre de dédommagements de guerre et qu'elle a su conserver. Elle en possède six qui servent de navires-écoles. « Ce qui m'intéressait et m'intéresse toujours, ce sont les bateaux traditionnels. »

Son premier embarquement, en qualité de lieutenant, se fait sur l'un d'entre eux, le *Mir* (la « Paix » en russe), basé à Saint-Pétersbourg. C'est le début d'une vie de marin qu'il poursuivra sur des cargos.

« Au début, on passait six mois en mer et six mois à terre, avant de rechercher un nouvel embarquement. Une fois, je suis parti onze mois. On a fait le tour du monde. L'Argentine, le Japon, la Chine, la Turquie… »

À terre, la vie est moins belle. Le salaire, même celui d'un officier, n'est pas assez élevé pour supporter ces ruptures de contrat. « Pour gagner ma vie, je faisais le taxi la nuit, au black. » Mais le jeune officier est heureux et grimpe les échelons, jusqu'à devenir commandant en second.

« Quand j'étais lieutenant, je pouvais profiter des escales, découvrir les pays abordés. Mais la fonction de commandant en second est beaucoup plus contraignante. Tu es responsable du déchargement et du chargement, tu dois t'occuper de toute la paperasserie administrative. Alors, tu ne peux plus débarquer. C'était moins intéressant, même si l'ambiance à bord était excellente. C'était un cargo allemand mais l'équipage était entièrement russe et le commandant était un copain de promotion. »

En 2005, Anton met sac à terre. Quelques années auparavant, il était devenu membre bénévole d'une association qui avait décidé de construire une réplique du premier bateau du tsar Pierre le Grand, le *Shtandart* (« Étendard, » en russe). Il participe à sa construction en tant que charpentier de marine, un métier auquel il a touché dans sa jeunesse en construisant un petit voilier traditionnel. Le chantier est mené dare-dare car le *Shtandart* doit être prêt pour les fêtes maritimes de Brest 2000. Il sera au rendez-vous. Avec Anton à son bord. « Après, j'ai navigué pendant six mois sur le bateau. J'en ai été deux fois le capitaine. »

Les fêtes maritimes de Brest 2000 vont changer sa vie. Il est tombé amoureux de la Bretagne, au point de décider de venir y vivre. « Pour moi, la Bretagne, c'est la mer, le grand large. Bien sûr, le climat est un peu humide, mais j'aime la mer, et pas seulement lorsqu'il fait beau. J'aime les tempêtes, j'aime quand c'est dur… », confie Anton sans forfanterie. L'homme est pudique. Est-il ému d'arriver ainsi à Saint-Pétersbourg, où sa mère lui prépare un gâteau de fête ? « Bien sûr, même si je ne le montre pas. » Aujourd'hui Anton vit à Telgruc-sur-Mer, où il est charpentier. Avant de devenir charpentier de marine lorsqu'il aura trouvé le temps et l'argent pour suivre la formation nécessaire. En attendant, dans ses moments libres, il restaure un vieux coquillier de la rade de Brest, bien fatigué. Bientôt, il naviguera à nouveau. Et Anton sera à la barre.

La phrase du jour

«Ce que nous recherchons, c'est le fruit défendu. Sans lui, le Paradis n'est pas pour nous le Paradis.» (Alexandre Pouchkine)

Anton Panov.

Saint-Pétersbourg, la forteresse Pierre et Paul.

La route entre Saint-Pétersbourg et Moscou, l'une des plus fréquentée de Russie.

6 juin, SAINT-PÉTERSBOURG – MOSCOU
kilométrage journée : 731
kilométrage depuis Brest : 4 591 >>>>>

ON ÉTAIT SUR LA ROUTE TOUTE LA SAINTE JOURNÉE...

Un peu plus de sept cents kilomètres séparent Saint-Pétersbourg de Moscou. Une broutille quand il suffit d'emprunter une voie express ou une autoroute. À la russe, c'est un peu différent. L'ancienne et la nouvelle capitale sont reliées par une route, disons dépassée par les événements. La plupart du temps, elle offre trois voies, avec des zones de dépassement alternées, et parfois même deux voies avec nids-de-poule. Elle traverse des villages et, sur la fin, de grandes villes. Un simple feu rouge suffit alors à provoquer d'interminables embouteillages dans lesquels s'entassent voitures et camions.

Lorsque la circulation est un peu plus fluide, il faut savoir en profiter avec modération. Les vendeurs de fruits, de champignons ou de bocaux de cornichons, les samovars fumants sont le plus souvent remplacés par une police armée, jusqu'aux dents, de radars en tout genre. Pour ne pas vous retrouver dans les pattes d'un

Samovar fumant pour thé brûlant.

fonctionnaire qui saura vous convaincre qu'il serait bienvenu que vous participiez au bien-être de sa petite famille et aux cadeaux de Noël de ses enfants, vous avez plusieurs solutions.

La première – et la plus sage, bien sûr – est de respecter les limitations de vitesse.

La deuxième, si vous voulez avancer un peu, est de faire confiance aux automobilistes qui circulent dans l'autre sens et vous font un appel de phare fraternel.

La troisième est de se laisser dépasser par une voiture dont le conducteur a le pied lourd et de se coller dans ses roues. Le radar s'occupera de lui et vous oubliera. Anton appelle cela un « sponsor ». Pourquoi ? « Mais parce que c'est lui qui paie ! »

Il en existe une quatrième, propre à notre convoi, qui consiste à suivre le routage de Sergueï. Il a le secret de vous dénicher des petits raccourcis sur lesquels les excès de vitesse sont improbables, à moins de vouloir laisser la moitié de votre voiture dans des nids d'autruche.

Cette dernière solution n'est pas la plus mauvaise. Elle vous permet de découvrir de vrais trésors oubliés par la « nouvelle route ». Car, au-delà des tracas de conduite qu'il inflige, le trajet vers Moscou traverse des paysages superbes et chargés d'histoire.

Nous sommes ainsi passés devant le monastère de Voldaï, l'un des plus célèbres de Russie, au bord d'un grand lac.
À Gozodnya, nous avons fait une halte au pied d'une église de toute beauté, entourée d'un cimetière envahi par de hautes herbes et des fleurs sauvages. En en faisant le tour, on parvient à un panorama unique sur la Volga. « Le » fleuve, par excellence, la grande artère de l'ancienne Russie. Majestueux. Les bateaux qui effectuent les croisières de Saint-Pétersbourg à Moscou passent juste au-dessous. À quelques centaines de mètres de là, Sergueï nous mène jusqu'à un immeuble qui semble aujourd'hui bien modeste. C'était autrefois l'un des relais où l'impératrice Catherine faisait étape lorsqu'elle faisait la même route que nous. À l'époque, il n'y avait ni camions ni embouteillages, mais il ne fallait pas être pressé non plus !
Que dire de Novgorod, une centaine de kilomètres après Saint-Pétersbourg ? La ville porte beau et sait rappeler que son histoire commence au IXe siècle et qu'elle fut une des plus grandes capitales européennes. Son impressionnant kremlin, avec son église Sainte-Sophie, en témoigne. Sur la face est, il appuie ses remparts sur les berges du fleuve Volkhov, laissant juste un peu de place pour une plage de sable doré. Les jeunes jouent au volley-ball, les femmes font de la bronzette en bikini… La lumière est limpide, le soleil caressant et l'air vif. Mais le farniente, ce n'est pas pour nous. Sergueï veut absolument nous montrer l'église Saint-Nicolas, dont la construction fut achevée en 1113. Et d'autres encore. Il a raison.
Novgorod fut un moment de bonheur et de tranquillité avant de reprendre notre place dans la file d'attente pour Moscou.
Quelques derniers embouteillages, quelques slaloms dans une circulation débridée porteront à quatorze heures notre temps de route. Il est 23 heures quand nous nous laissons happer, non sans angoisse, par les lumières de Moscou, immense et terrifiante dans la nuit.

La phrase du jour

« En Russie, il n'y a pas de routes, il y a des directions. » (Dicton populaire)

Le mot du jour

Kremlin

Contrairement à ce que l'on croit souvent, il n'y a pas que le Kremlin de Moscou, célèbre pour sa place Rouge et pour symboliser le pouvoir central russe et, avant, celui de l'URSS. Chaque ville importante possède un kremlin. Ce nom commun désigne une forteresse abritant les résidences des seigneurs, des églises… Le peuple qui vivait autour venait s'y réfugier en cas d'attaques ennemies. C'est, en plus grand, le pendant de nos châteaux forts du Moyen Âge. Il y a aussi Le Kremlin-Bicêtre, à Paris. Mais les Russes l'ignorent.

▲ Novgorod.

▼ L'église de Gozodnya.

Moscou dans la grisaille.

7 juin, MOSCOU
kilométrage journée : 40
kilométrage depuis Brest : 4 631 >>>>>>>>>>>>>>>>>>>>>>>>>>>>>>>>>

Métro, boulot, pas dodo

Ciel gris et petite pluie, ce matin, sur Moscou. Un temps maussade pour une escale plus technique que touristique. Avec des obligations un peu ennuyeuses : formalités administratives, petits problèmes techniques de transmission internet et de géolocalisation de nos voitures. Et une autre bien plus agréable : la rencontre avec nos amis d'*Intourist*, de précieux partenaires dans cette aventure qui les passionne. Le message d'amitié franco-russe, que nous voulons porter jusqu'à Vladivostok, leur va droit au cœur. Une belle photo souvenir devant l'hôtel Cosmos, en compagnie du directeur, Andreï Alexandrovitch, et de ses plus proches collaborateurs sera là pour en témoigner.

En début d'après-midi, nous nous offrons toutefois une

L'église Saint-Sauveur.

L'Ouvrier et la kolkosienne.

petite virée dans le centre de Moscou, en compagnie d'un expert. Sergueï, notre second équipier russe, est guide officiel à Moscou et membre de l'Union des écrivains russes. Un intarissable puits de connaissances et de culture. Malgré son immensité, la capitale de la Russie est une ville qui peut se visiter facilement, à condition d'aimer la marche et de ne pas hésiter à plonger dans le métro, pour en visiter les plus belles stations, la plupart garnies de marbre et somptueusement décorées. Ce métro permet aussi des découvertes un peu plus excentrées, dans cette ville où les distances n'ont rien à voir avec nos villes. La distance moyenne entre deux stations est de 1,7 km et la plus longue dépasse les trois kilomètres. C'est la RATP à la russe. Nous, nous avons choisi une petite halte sentimentale dans une modeste église, perdue dans un quartier discret à quelques centaines de mètres de la place Rouge. C'était, autrefois, le quartier des écuries du Kremlin et des cochers. C'est eux qui firent construire cet édifice religieux. Il est dédié à saint Vlas.

Espérons que nous avons su gagner sa protection. Nous en aurons besoin sur les routes de Sibérie.

Dans les bureaux d'*Intourist*, Youri Lyashenko, qui a déjà effectué un raid dans ces contrées, nous a montré quelques photos. Apocalyptique ! Des véhicules embourbés jusqu'au toit, des camions renversés, voire totalement ensevelis dans des mares boueuses… Ce sera comme ça pour nous aussi ? « Oui, mais seulement s'il pleut », nous rassure Youri. On va peut-être retourner voir saint Vlas, lui offrir quelques cierges et lui demander s'il n'a pas un collègue plus spécialisé dans la météo…

Le mot du jour

Davaï

Le mot *davaï* ponctue régulièrement toutes les conservations entre Russes. Sans être banal puisqu'il a deux significations : « Vas-y ! » ou « Donne-moi ! » Ce dernier sens est un peu brutal, dans le genre « Amène l'oseille et tire-toi ! ».

À n'employer, donc, qu'avec circonspection quand vous ne connaissez pas votre interlocuteur. Surtout s'il dépasse les cent kilos. Dans ce sens, ce mot rappelle, par son côté expéditif, cette phrase de Kroutchev, fin diplomate comme on s'en souvient, prononcée au cours d'une rencontre de négociations internationales : « *Ce qui est à moi est à moi. Tout le reste se discute* ».

L'église des Cochers.

Serguei nous fait découvrir les artistes locaux.

▲ La place Rouge.

▼ Nos partenaires d'*Intourist*, devant l'hôtel Cosmos.

8 juin, MOSCOU – NIJNI NOVGOROD
kilométrage journée : 438
kilométrage depuis Brest : 5 069 >>>>>>

On en laisse du monde, sur le bord de la route

Quel bonheur de rouler paisiblement ! Une route toute droite, mais vraiment toute droite, sépare Moscou de Nijni Novgorod. Cela vous laisse le loisir d'apprécier le paysage et de partager la vie du bord des routes. Ou de vous intéresser aux véhicules que vous croisez ou doublez. La production russe se fait rare en ce domaine, aujourd'hui submergée par les marques coréennes, japonaises ou européennes. Mais on déniche encore quelques *Lada*, de belles *Volga* – autrefois réservées aux apparatchiks – ou encore l'extraordinaire fourgonnette *Uaz*. Sa silhouette, sorte de combi *Volkswagen* qui aurait fauté avec un 4 x 4 de passage, est inimitable et possède un charme fou, avec sa caisse rondouillarde – généralement couleur kaki en raison de ses origines militaires – et ses roues rentrées. On la dit indestructible et des modèles de plus de trente ans – elle est née dans les années 1950 - circulent encore gaillardement à belle allure.

Côté camions, le brave *Kamaz*, à la cabine trapue et d'un confort rustique, se fait de plus en plus discret dans l'ouest du pays. Il reprendra son rang sur les routes impitoyables de la Sibérie. Ici, il est écrasé par les gros

Camions *Kamaz* et fourgonnette *Uaz*, un parfum de légende.

camions américains d'occasion, importés en masse, qui donnent aux camionneurs russes une touche *truckers* du Wyoming. Ils côtoient des camions européens, ayant déjà déroulé, pour la plupart, un bon tour de compteur sur les routes de France ou des Pays-Bas. On a eu un brin d'émotion en doublant un semi des *Transports Pailler* de Plabennec. Avec plaque russe, mais quand même, les drapeaux bretons étaient toujours là…

Sur les bords de la route, les petits étals sont toujours là. On y vend les produits des villages avoisinants mais invisibles, ou les cueillettes de la forêt. Natacha, souriante dame blonde, a quasiment monté une chaîne de magasins. Un étal d'un côté de la quatre-voies, un autre de l'autre. Un ensemble pas facile à gérer, il faut affronter une périlleuse traversée de la route pour ne pas laisser à la voiture qui s'est arrêtée de l'autre côté le temps de repartir. Sur quelques étagères s'alignent, dans l'harmonie d'un tableau de nature morte, des bocaux de champignons, de confiture, des fruits en sirop, des fraises cueillies du jour…

D'autres commerces sont moins campagnards. Ceux qui agitent une feuille blanche au bout d'un bâton n'ont pas couru les bois, ni sué dans un jardin. Ils proposent des « papiers ». Concrètement, des fausses factures de carburant ou autres, qui permettront aux

QUALITY
EUROPE

Sur le bord des routes russes,
la micro-économie est permanente.

routiers de présenter à leurs patrons des notes de frais plus étoffées.
Enfin, il y a, toujours aussi nombreux, les policiers. À force de se faire casser les reins dans les nids-de-poule, on a envie de leur enlever des mains leurs radars et leurs « bâtons d'or », qu'ils balancent avec désinvolture dans leur dos ou entre leurs jambes, avant qu'ils ne le dressent pour imposer un arrêt coûteux, et de les équiper de pelles et de pioches. La qualité des routes y gagnerait et la sécurité des automobilistes n'y perdrait rien. Mais nous n'allons pas nous immiscer dans les affaires internes de la Russie.
Ceux qui ont essayé l'ont payé cher.
Cette longue ligne droite peut aussi s'abandonner pour des détours qui laissent toujours pantois. Nous avons fait une longue halte à Vladimir, qui fut, un temps, capitale de Russie. On y pénètre par une « Porte d'or » et, de quelque côté que l'on se tourne, une église ou un monastère dresse ses dômes dorés dans le ciel.
Quelques kilomètres plus loin, Gorokhovetse – 10 000 habitants – a conservé un cœur de ville paisible comme un village berrichon. Avec, quand même, trois monastères et une poignée d'églises. C'est facile à trouver : le paradis n'est pas loin.

Le mot du jour

Toast

Le toast est une tradition russe très ancienne. Elle remonte à une époque où les mœurs de la noblesse étaient très brutales – comme chez nous – et les rivalités vite réglées. L'empoisonnement était pratique courante. On trinquait donc en se regardant droit dans les yeux et en choquant violemment les deux verres de manière que les liquides se mélangent. Cela signifiait : « Je ne t'empoisonne pas ! » Et l'on devait boire immédiatement. Sans reposer son verre, que l'on pouvait jeter, si l'on était d'humeur festive et que l'on avait à sa disposition une bonne technicienne de surface.
Aujourd'hui, dans les grandes occasions, ces toasts s'accompagnent d'un discours en hommage à l'une des personnes présentes. Et c'est chacun son tour. Si la tablée est nombreuse, le dernier qui cause n'a pas forcément raison…

Le remède du jour

À notre départ de Moscou, le père de Sergueï, ancien diplomate, est venu nous saluer et nous souhaiter bonne route. D'une élégance un peu surannée et d'une gentillesse confondante, il nous a offert une bouteille de vodka. Et l'ordonnance qui va avec. « C'est bon contre le froid, la chaleur, les moustiques et le cafard. Ce sera surtout très bon à Vladivostok. » D'accord, mais Vladivostok, c'est quand même loin…

La phrase du jour

« Même la gloire du fleuve s'achève à la mer. » (Proverbe russe)

▲ Au départ de Moscou, le père de Serguei nous offre une bouteille de vodka.

▲ Sur la route, une omniprésence des policiers.

▼ Vladimir, la cathédrale de la Dormition.

Le kremlin de Kazan, capitale du Tatarstan.

9 juin, NIJNI NOVGOROD – KAZAN
kilométrage journée : 392
kilométrage depuis Brest : 5 461 >>>>>>>>>>>>>>>

IL N'EST JAMAIS TROP TATAR POUR BIEN FAIRE

L'escale – brève, trop brève – de Nijni Novgorod fut l'une de nos plus agréables depuis le départ. Avant de quitter la ville pour Kazan – quelque quatre cents kilomètres – nous avons rendez-vous à la faculté de français pour y rencontrer une trentaine d'étudiants qui apprennent la langue de Molière. Petit café dans le bureau de la doyenne, Vaseneva Ekaterina, puis direction la salle de cours où nous attendent le professeur Svetlana Badianava et ses élèves de première année, pour une petite heure d'échanges. La doyenne nous avait prévenus : « Ils connaissent mieux la littérature française que beaucoup de Français ». On confirme. Galina, par exemple, nous a dit un texte qui lui a permis de remporter le concours de phonétique. Non seulement dans un français impeccable, mais avec une diction enthousiaste et pénétrée, digne d'une grande comédienne. Irena, elle, a gagné un concours *Wikipédia* en écrivant un texte sur Kirov, sa ville natale. Dix jours à Paris.

Tamara, elle, a déjà été à Paris, en car. C'était la récompense d'un concours de théâtre remporté haut la main… Que du beau monde ! Mais pourquoi

apprennent-ils le français ? « Parce que c'est la plus belle langue du monde ! »
Alexeï est l'un des quatre garçons perdus au milieu de toutes ces filles. De quoi justifier sa timidité et sa discrétion. Pourquoi une telle disparité ? « Les garçons préfèrent faire des études de technologie. Mais moi j'ai voulu étudier la langue française pour sa beauté, sa clarté et sa précision. »
Leur professeur est une amoureuse de la France. Elle a fait des études à Strasbourg et est capable de retrouver l'accent alsacien. Mais elle a aussi parcouru toute la France. « C'est un beau pays et les Français sont attachants parce que, contrairement aux Russes, ils ont la capacité de se relaxer, de trouver du plaisir dans les petites choses. » Nous leur avons dit que nous aimons aussi beaucoup leur pays et ses habitants.
Route sur Kazan. Au fil des kilomètres, le paysage change totalement. La grande plaine sur laquelle nous naviguions jusqu'alors cède la place à un paysage vallonné, d'un vert opulent, marqué de taches brunes par les champs fraîchement labourés, traversé de fleuves, et baigné d'une lumière qui en flatte toutes les nuances.
Sans quitter la Russie, nous sommes entrés dans la République autonome du Tatarstan, qui a su préserver une grande indépendance après l'éclatement de l'URSS.

▲ À l'université de français de Nijni Novgorod.

▼ Ma série télé favorite…

Ses richesses pétrolières et un grand dynamisme industriel assurent sa prospérité.
Kazan en est la capitale. Belle, soignée, si ce n'est une entrée de la ville un peu chaotique avec un franchissement de voie ferrée dont le passage est tout sauf à niveau. Il se négocie avec patience et prudence si on ne veut pas y laisser un bas de caisse ou un pneu. Mais il en faut apparemment plus pour énerver l'automobiliste tatar.
Le midi, nous nous sommes arrêtés dans un restaurant routier. On dira typique. Clope au bec, la patronne assure un service express. Nous sommes à peine assis sur la minuscule terrasse, garnie de deux tables aux couleurs de *Coca-Cola*, qu'il faut passer commande. Une minute plus tard, les salades à la grecque sont servies, suivies, dans la foulée, des plats de résistance – du mouton, qui, lui, en revanche, a un peu traîné sur le feu – et de l'addition. Café ? Fallait le dire avant ! Une seconde addition vient s'ajouter à la première.
Ce n'est pas chez elle que les camionneurs perdent du temps ! À moins de rester regarder le poste de télévision antédiluvien qui propose, dans la salle à manger, des programmes flous à deux clients absorbés par la consommation de leur incontournable soupe du midi. Malgré la diligence de cette expéditive patronne, il est encore tard quand nous arrivons à Kazan.

La phrase du jour

« Prends ton petit déjeuner seul,
invite un ami à ton déjeuner et réserve ton diner à tes ennemis. »
(Dicton populaire russe)

Le plat du jour
La soupe

Le spectacle d'un Russe mangeant sa soupe est à la fois étonnant et émouvant. La cuiller dans une main, un morceau de pain dans l'autre, il se penche sur son assiette comme si elle était soudain devenue le centre du monde, comme si sa survie en dépendait. Plus rien d'autre n'existe autour de lui, plus aucune conversation ne peut venir troubler ce dialogue silencieux et intense entre un homme et une nourriture essentielle. Essentielle et infinie. La soupe à la russe se mange chaude ou froide et se décline selon des dizaines de recettes. Depuis le fameux bortsch, au bouillon de bœuf, jusqu'au schi, à base de chou… Elles trouveront leur plénitude garnies d'une cuillerée de crème délicieusement acidulée, la smetana.
L'akrochka constitue une petite gourmandise pour les chaudes journées d'été. C'est une soupe à base du fameux *kvas*.
Dernier point : la soupe se consomme au déjeuner, qui est le repas le plus important de la journée.

Kazan, un petite ville luxueuse.

10 juin, KAZAN – IJEVSK
kilométrage journée : 404
kilométrage depuis Brest : 5 865 >>>

Achabache, le village où coulent le lait et le miel

Dans la rue piétonne de Kazan, balayée par l'air frais du matin, la radio FM locale diffusait sur haut-parleurs une chanson de Sting. À quelques mètres au-dessus, la grande mosquée défiait le ciel de ses flèches graciles au milieu d'un kremlin dont les allées sont entretenues par une armée de jardiniers méticuleux. La république du Tatarstan affiche sa prospérité. Et Kazan est une ville attachante.

Pour la quitter, direction Ijevsk, nous avons décidé de prendre le chemin des écoliers. Pour être tout à fait honnêtes, nous nous sommes un peu perdus et nous avons raté la route principale. Il faut vous dire que le GPS russe de Sergueï – nous l'avons baptisé Catherine II, puisque le mien, qui a rendu son tablier après Moscou, s'appelle Catherine – est d'humeur fantasque. Il nous a déjà fait traverser la Volga à la nage, dans

Achabache, un village au Tatarstan.

l'ignorance d'un pont nouvellement construit. Ce matin, Catherine II boude. Nous ne lui en voulons pas. Grâce à elle, nous avons plongé dans un pays qu'une voie plus rapide nous eût fait ignorer.
À une trentaine de kilomètres de Kazan, nous avons pris un petit chemin qui mène au village d'Achabache. À portée de voix des premières maisons, Farid, canne à la main, emballé dans un manteau serré par un bout de ficelle, un bonnet *Nike* sur la tête, garde son troupeau d'oies. Une vingtaine d'oies qui barbotent avec bonheur dans une mare. Farid nous raconte l'histoire de ce village de paysans, où cohabitent paisiblement cent quarante Tatars musulmans et Russes orthodoxes. L'ancien kolkhoze a aujourd'hui disparu, mais les terres sont toujours là, reprises par un investisseur. Elles donnent du travail aux habitants qui ne veulent pas quitter leurs pauvres mais coquettes maisons de bois. Rachim et Saria sont de ceux-là. Ils ne sont pas de simples ouvriers agricoles. La dissolution du kolkhoze leur a laissé un droit de propriété de cinq

LE GRAND RAID
BREST VLADIVOSTOK
Salaün
Holidays
dimanche
ouest france
Pouchkine

21

hectares chacun. Quinze hectares au total, avec la part de « *Babouchka* » qui prend le soleil devant sa maison aux fenêtres ornées de géraniums. Cinq hectares qui sont noyés dans le gigantesque complexe où l'on cultive céréales et pommes de terre et où l'on élève des vaches, des moutons… et des oies.

Plantations et semailles sont finies. La vie coule plus tranquille, en attendant le temps des récoltes. On prend le temps de ne rien faire, de s'occuper de ses ruches, de chouchouter son potager…

Pour Alias, en revanche, pas de repos. Il vit au village mais travaille à Kazan, comme chauffeur-livreur. Tous les jours, il fait la route.

Mais, le 12 juin, il sera de la fête avec les autres. Une grande fête pour marquer la fin des travaux de printemps. La fête est musulmane, mais les orthodoxes y participeront. Et un tapis récompensera le vainqueur de la course de chevaux. La fièvre monte à Achabache.

Nous reprenons notre route. Elle traverse une campagne étonnamment douce et opulente. Les maisons sont multicolores, les champs soigneusement travaillés. En début d'après-midi, nous nous arrêtons déjeuner chez le plus heureux des cuistots.

Seul homme du restaurant, il travaille avec onze femmes. Elles semblent heureuses, aussi. Et nous, on a très bien mangé. Surtout Anton, dont on se demande s'il ne nourrit pas deux ou trois vers solitaires.

Les chemins d'écoliers ont parfois un prix à payer. Le nôtre sera une trentaine de kilomètres de route de terre et de pierres. Le temps de voir le paysage changer. Les forêts de sapins et de bouleaux ont repris possession du paysage, les champs sont plus rares, le relief plus montagneux, et les maisons ont perdu leurs couleurs. Un petit panneau nous indique que nous avons changé de république. Nous sommes dans celle de l'Udmurtie.

Elle révélera plus loin que, si elle est plus austère, elle ne manque pas de caractère non plus. Comme lorsqu'elle offre le spectacle de deux vrais « *cow-boys* » faisant traverser une rivière à leur troupeau de vaches. John Ford ou Anthony Mann n'auraient pas boudé la scène. C'est l'arrivée à Izhevsk, capitale de l'Udmurtie et la cité des armuriers. Notre hôtel est voisin de la maison où vécut Mikhaïl Kalachnikov. C'est là qu'il fit, si l'on peut dire, ses premières armes avant de devenir un célèbre ingénieur et d'inventer l'AK 47, le fusil de toutes les révolutions.

Un crooner local anime le diner. Il reprend la même chanson de Sting. Et la serveuse ressemble à Ava Gardner.

La journée peut s'achever.

La phrase du jour

« J'ai pris un cours de lecture rapide et j'ai pu lire Guerre et Paix *en vingt minutes. Ça parle de la Russie. » (Woody Allen)*

▲ L'église d'Achabache.

▼ Izhevsk, capitale de l'Udmurtie.

Arrivée à Perm. Jean devant l'ours de l'Oural.

11 juin, IZHEVSK– PERM
kilométrage journée : 327
kilométrage depuis Brest : 6 192

>>>>>>>>>>>>>>>>>

Même pas le temps de poser une Perm !

Comme on le dit pudiquement des villes qui n'offrent pas un visage avenant, Perm est une cité qui ne se livre pas facilement. Autrement dit, ce n'est pas Kazan. L'ancienne Molotov – du nom du célèbre ministre des Affaires étrangères de Staline – ne joue pas dans la catégorie églises et mosquées.

Ici, on bosse. Et les grands immeubles du centre-ville bordent tristement la grande avenue Lénine, elle-même sans joie. Perdue au milieu de ce décor de banlieue, l'église de la Transfiguration-du-Saint-Sauveur semble oubliée, avec ses peintures défraîchies et ses toitures ternies par le temps.

Une cité industrielle un peu austère...

Les cafés sont rares et les jeunes préfèrent fêter le vendredi soir en buvant des bières sur l'esplanade qui domine le fleuve. Pour nous, l'arrivée dans la région de Perm, dernière station avant l'Oural, a été l'occasion d'un premier contact avec des routes défoncées par le dégel. On entre dans le vif du sujet. C'est peut-être pour cela que Catherine II – le GPS de Sergueï – est sortie de son coma et a parlé en russe. De surprise, Sergueï a failli tomber de la voiture. D'une belle voix, douce mais ferme, elle nous a intimé l'ordre de faire demi-tour, avant de replonger dans sa torpeur.

Nous ne l'avons pas écoutée. Nous allons entamer la deuxième partie de notre périple. Avec, demain, le franchissement de l'Oural et l'entrée dans la partie asiatique de notre grand continent.

Il est temps de se préoccuper des véritables conditions

улица
ПЕТРОПАВЛОВСКАЯ
P
8.00 - 18.00
СТОП
НОУТБУКИ

de circulation qu'elle nous réserve. Les informations recueillies jusqu'à présent sont souvent contradictoires. Les cartes elles-mêmes sont imprécises. Au-delà de Perm, leur échelle change pour joindre les deux bouts sans laisser des pages blanches dans notre atlas routier.

Au départ de l'hôtel, ce matin, un guide spécialisé dans ce trajet jusqu'à Vladivostok, a localisé sur nos cartes des tronçons qui nous préserveront, les jours prochains, des excès de vitesse et rallongeront les journées.

À ce propos, en quelques heures de voiture, nous avons perdu deux heures d'un coup. Pour simplifier les choses, la Russie a décidé de diminuer le nombre de ces fuseaux horaires – douze – en les regroupant par deux. Nous sommes maintenant à quatre heures de Brest ! Quai de la Douane, on en est encore à l'apéro quand la sagesse nous conseille de nous coucher. Demain, le jour se lèvera tôt sur Perm. À propos de Perm, il est vrai qu'elle n'est pas si ingrate qu'il n'y paraît. Le sourire d'Olga, la jeune et gracieuse patronne du restaurant dans lequel nous avons diné, à l'abri d'un orage, est à faire s'écrouler de honte un immeuble post-stalinien, plus sûrement qu'un cocktail Molotov.

Ah ! oui, j'allais oublier ! Catherine II a été brutalement mise à la retraite, victime des avancées technologiques. Dans la soirée, sans nous en dire un mot, dans l'officine secrète d'un informaticien débrouillard, Sergueï a pris, pour légitime GPS, Tamara. Il nous assure que sa nouvelle compagne connaît sur le bout de son antenne toutes les routes et chemins de Perm à Vladivostok. Pour l'heure, elle est déjà en panne de batterie.

La phrase du jour

« 2 + 2 = 4, c'est la mort qui commence. » (Dostoïevski)
« 4 x 4, c'est l'aventure qui commence. » (Yves Éco)

▼ La rivière Kama.

▲ Vassili, dans le village de Doubovoyë.

12 juin, PERM – EKATERINBOURG
kilométrage journée : 399
kilométrage depuis Brest : 6 591 >>>>>>>>>>>>>>>>>>>>>>>>>>>>>>>>>>>>>>>

Hip, hip, Oural !

Aujourd'hui, nous avons passé notre grand Oural. Et, toute modestie mise à part, avec la mention bien. Voire très bien. La grand-route aurait pu nous mener tranquillement de Perm – au revoir, ours majestueux – à Ekaterinbourg. Une broutille de trois cent soixante-dix kilomètres. Ce qui est peu, vous l'avouerez, pour changer de continent. De la bonne route, en plus. Nous avons donc, une fois de plus, pris des chemins de traverse, un peu au hasard. Ce hasard qui, dit-on, fait bien les choses.

Le premier de ces chemins n'était pourtant pas engageant. Visiblement, il n'avait jamais vu l'ombre d'un cantonnier, pas même appuyé sur sa pelle. Il nous mena jusqu'à un petit hameau, Doubovoyë, le « village des chênes ». Quatre ou cinq maisons. Vassili nous y attendait. La quarantaine, le visage buriné, dur, mais le sourire avenant et la poignée de mains accueillante. Il tronçonnait du bois pour sa voisine, une solide femme, silencieuse, qui triait avec soin les derniers copeaux d'écorce perdus dans la sciure du tronçonnage comme

L'épicerie-poste de Sadovo Yagodnoië.

si elle trouvait là la survie de l'hiver prochain. Vassili, lui, est bavard. Quand il ne fait pas le bûcheron, il est chauffeur-routier à Perm. Mais c'est son village et il ne veut pas le quitter. La vie ici ? « Une vie de merde ! Dans la maison en face, ils ont coupé le courant à une vieille femme parce qu'elle n'avait pas payé depuis trois mois. Maintenant, on lui demande cinq mille roubles pour le rétablir, alors qu'elle touche une pension de 5 100 roubles par mois. Elle a travaillé trente ans au service de l'État, ils pourraient faire attention, non ? »

La femme de Vassili arrive du travail. Elle est de mauvaise humeur. Sous le soleil, Dina, la chienne pures races, remue de la queue et se laisse caresser.

Le second chemin est aussi rude. Mais, au bout, il y a un petit village bien construit, sans être coquet. Résidentiel. Perm n'est pas loin. Sadovo Yagodnoië, le « jardin des baies », compte trois cents habitants. Les enfants y circulent en miniscooters et portent des tee-shirts ornés de slogans américains.

Une épicerie-poste y fait fonction de place de village. L'épicerie est ouverte et ne désemplit pas. C'est un bric-à-brac fait de tout et de rien. Mais chacun semble s'en satisfaire. On y fait la queue en attendant que la patronne vous ait fait votre compte sur son boulier magique. En revanche, la poste est fermée. Un écriteau précise que, pour le versement des pensions, il faut

кунгурское всегда свеж
Тюмень
Orbit white
Orbit
Dirol

attendre mardi. Pour rejoindre la grand-route, c'est encore plusieurs kilomètres de piste, au long desquels nos 4 x 4 rustiques montrent qu'ils sont durs au labeur. De vrais chevaux bretons. Quant à Anton, il est enfin au paradis. Les milliers de kilomètres sur de bonnes routes – c'est-à-dire là où il y a du bitume ou une simple trace de bitume – l'ont ennuyé. Ses yeux bleus pétillent, ses lèvres serrées comme une cicatrice s'ouvrent pour un grand sourire. « La boue, Jean, la boue ! La boue RUSSE ! Tu comprends ?»

T'en fais pas, Anton, nous aurons le temps de comprendre plus vite que les armées de Napoléon.

Dans le petit relais où nous nous arrêtons pour déjeuner, c'est l'effervescence. Il y a d'abord une panne de courant qui réchauffe les bières de l'armoire réfrigérée et refroidit les plats. Service minimum. Pas grave. La côtelette – un steak haché à la mode ouralienne – est délicieuse dans sa purée tiède.

Il y a surtout le fait divers de l'année. Dans le village voisin, à trente kilomètres vers Ekaterinbourg, une bande a attaqué la poste. Un milicien aurait été tué et deux personnes prises en otages et laissées sur place, avant que les agresseurs ne fassent exploser leur propre voiture. Peut-être sous le coup de la colère. Cette petite cahute n'avait qu'un cousinage très lointain avec Fort Knox et ne pouvait renfermer dans ses coffres que du dépit pour ceux qui voulaient la violer.

Toujours est-il que, sur notre route, les contrôles de police ont changé de ton. Le flic qui, d'habitude, balance indolemment son bâton-tirelire est aujourd'hui équipé d'un gilet pare-balles et accompagné de soldats armés jusqu'aux dents. Le PV lucratif, ce sera pour demain. Nous n'y coupons pas. Arrêt. Contrôle. Sergueï joue le coup de main de maître. Explique que nous sommes des Français et que nous allons à Vladivostok. Et que, évidemment, nous ignorions, il y encore une heure, l'existence de cette recette postale anémique. On se quitte finalement, et sans autres formalités, sur le sincère « Bon voyage » d'un militaire souriant et admiratif. Une dernière escapade nous conduit, en pleine forêt, à une station perdue du Transsibérien. Au milieu de nulle part. Il y a bien un village. Avec un vieux car qui reprend sa respiration, capot ouvert. Mais après ? Après, rien.

Demi-tour vers Ekaterinbourg. Et la grand-route.

Quelques kilomètres avant la ville, nous vivons un moment solennel. Le passage de l'Europe à l'Asie, marqué par un monument anodin qui trace la frontière entre ce qu'il est convenu d'appeler deux continents. Il surplombe la route et sur la plateforme qui l'entoure, la tradition veut que les mariés de la région et leurs cortèges viennent y faire étape, à la recherche d'un symbole d'union.

À l'horizon, Ekaterinbourg dresse déjà ses grands immeubles. La ville – 1,5 million d'habitants – est la quatrième de la Russie. Et elle est belle.

La phrase du jour

« Demain, frère, tu sauras pourquoi j'ai quitté les rives de la Baltique pour aller au-delà des monts Ourals. » (Jules Verne, Michel Strogoff)

Le mot du jour

Oural

L'Oural est une grande chaîne montagneuse qui s'étend sur 1 800 kilomètres, du Grand Nord jusqu'aux steppes du Kazakhstan. Son plus haut sommet culmine à 1 800 mètres et quelques boules de neige. Elle marque historiquement la séparation entre l'Asie et l'Europe. Nous l'avons franchie dans l'une de ses failles. Une sorte de long plateau,un peu vosgien par les paysages qu'ils offrent : des collines aux pentes douces, de grandes forêts prenant l'air dans des prés colorés, des lacs discrets…

C'est beau. De là à en faire tout un continent…

Point G du jour

Lorsque nous avons franchi la ligne entre l'Europe et l'Asie, nous avions effectué 6 717 kilomètres depuis Brest. Il en reste sept mille et des brouettes jusqu'à Vladivostok.

Jean, Anton et Sergueï devant le monument qui marque la frontière entre Europe et Asie.

Ekaterinbourg, sur les bords de la rivière Iset.

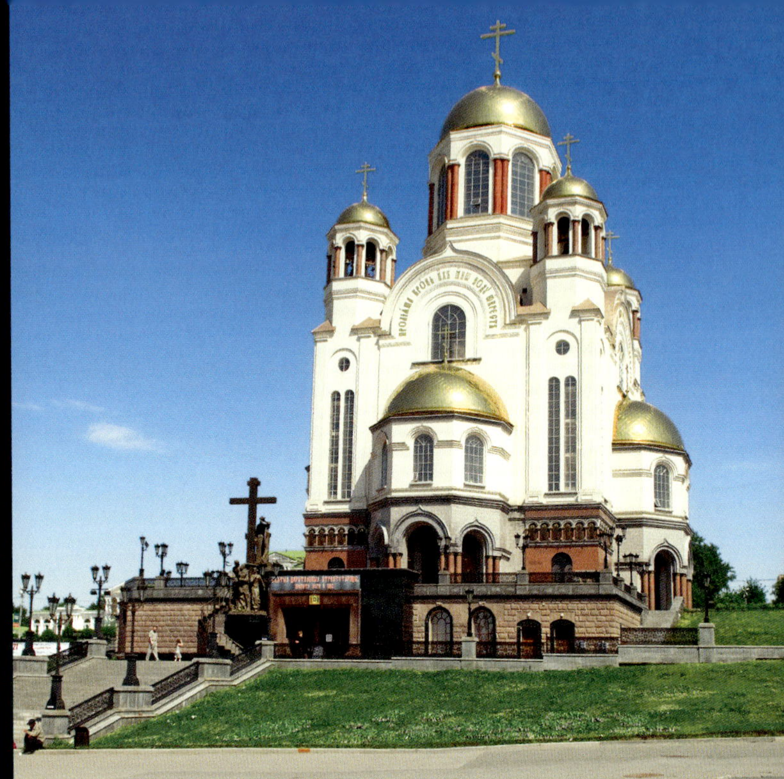

L'église du Sang-Versé.

13 juin, EKATERINBOURG
kilométrage journée : néant
kilométrage depuis Brest : 6 591 >>>>>>>>>>>>>>>>>>>>>>>>>

Un dimanche à Ekaterinbourg

Ekaterinbourg aura marqué notre première vraie pause dans ce voyage. Pour l'équipe, c'est quartier libre. Une petite grasse matinée pour essayer d'effacer les effets d'un décalage horaire un peu brutal et d'une fatigue accumulée au fil des kilomètres.
Le temps, aussi, de se dégourdir les jambes. Et rien de tel qu'une ville russe pour le faire ! L'espace n'y est jamais compté. Ekaterinbourg n'échappe pas à la règle. Les rues y sont larges et longues, propres et soignées, pleines de vie. Un vent soutenu, généré par la rivière Isset, lui donne de l'air et en rend son climat agréable en ce printemps. Il transporte, comme une bourrasque le fait des flocons de neige, le pollen des peupliers, venu des forêts voisines, au point d'en tapisser le sol. C'est la neige d'été, comme on l'appelle ici.
La première destination est, évidemment, l'église du Sang-Versé. Elle a été construite sur l'emplacement de la villa Ipatiev, où furent exécutés, le 17 juillet 1918, le tsar Nicolas II et toute sa famille. C'est aujourd'hui un lieu de pèlerinage, mais le révolutionnaire Iakov Sverdlov, qui ordonna ce que l'on qualifie aujourd'hui d'assassinat, a toujours sa statue dans cette ville qui porta son nom, avant de reprendre son nom historique en 1991. Complexe Russie, qui gère une histoire

Le Tsar Nicolas II et sa famille.

Bâtiments modernes et architecture traditionnelle.

tumultueuse comme va le temps. Sans repentance, mais sans ignorance non plus.
Les étudiants que nous rencontrons en fin de journée, dans un café inondé de pâtisseries, vivent, eux, les yeux tournés vers l'avenir. C'est Macha, une amie d'Alena, de Pouchkine Tours, qui a fait les présentations. Ils s'appellent Vassili, le joueur d'échecs ; Ivan, le premier de la classe, qui entrera à Sciences-Po Paris l'année prochaine ; Anna, jolie rousse délurée ; Evgeni, passionné par la photographie... Il y a aussi Margo, qui vient de la république autonome de Bashkortostan, au sud du pays, à la frontière du Kazakhstan, et défend avec humour son identité. Sans oublier Macha, douce et attentive.
Ils sont étudiants en relations internationales et se préparent à de belles carrières. Ils connaissent et aiment la France pour y avoir séjourné, les uns et les autres, plusieurs mois, mais ils nous envient de partir pour Vladivostok. La Sibérie reste pour eux une terre inconnue, mythique. « Nous ne connaissons pas notre pays, il est tellement grand ! » regrette Evgeni. Et la ville de leurs rêves reste Saint-Pétersbourg.
En attendant que leurs métiers de demain leur ouvrent des horizons nouveaux, ils coulent des jours heureux à Ekaterinbourg. Nous y avons passé, nous aussi, un beau dimanche de printemps.
Ce soir, un feu d'artifice claque dans la nuit. C'est trop.

▼ À Ekaterinburg, nous rencontrons les étudiants en Français, et nous constatons le très haut niveau de leur formation.

Le mot du jour
Continent

Selon la définition du dictionnaire, un continent est une vaste étendue de terre émergeant des océans. « Terres continues » (*continens terra*), si l'on s'en tient au sens latin du mot. Ainsi, l'Australie est un continent. L'île de Molène, même si ses habitants disent se rendre « au continent » lorsqu'ils vont à Brest, n'en est pas un. Trop petite. Pour autant, samedi, nous avons changé de continent, passant de l'Europe à l'Asie, sans avoir l'impression d'avoir rompu une « continuité ». L'Oural, ce n'est pas la cordillère des Andes ! Et ce ne sont pas quelques pâturages et forêts tapissant un plateau érodé par le temps, qui peuvent marquer une telle différence. D'un point de vue géographique, nous n'avons donc pas changé de continent. Brest et Vladivostok sont réunis par une route, longue, sinueuse et parfois mal pavée, certes, mais continue.

La rupture est donc d'origine géopolitique. Pierre le Grand fut le premier à faire de l'Oural cette barrière continentale. Il voulait rapprocher son pays, qui, de conquête en exploration, s'était étendu vers l'orient, des pays occidentaux, qui le fascinaient et qui inspiraient sa politique. Mais expliquer aux Allemands et aux Néerlandais que Vladivostok se situait dans la banlieue de Saint-Pétersbourg était un peu difficile.
Le général de Gaulle se souvint de cette limite donnée à un pays qui se baigne aussi dans le Pacifique, lorsqu'il parla d'une « Europe de l'Atlantique à l'Oural. » Et, aujourd'hui, Poutine, lorsqu'il se sent européen, ne dit pas autre chose.
En attendant que géographes et géopoliticiens se mettent d'accord, on peut parler d'un « continent eurasien ».
Nous, en tout cas, nous n'avons toujours pas pris de bateau. C'est vrai que nous ne sommes pas partis de Molène.

Le plat du jour
La salade Olivier

Il n'y a en Russie carte de restaurant qui ne propose une « salade Olivier ». Son nom est celui d'un chef français réputé qui officiait à Saint-Pétersbourg. L'histoire raconte qu'un jour, dépassé par le nombre et l'appétit de ses clients, il dut improviser.

Il vida ses réserves, mélangea le tout et assaisonna l'ensemble d'une mayonnaise. Il s'agit, à la base, d'une macédoine de légumes, enrichie de ce que l'on a sous la main. La recette originale comportait, dit-on, du homard.
Elle se décline, aujourd'hui encore, de toutes les façons. Et à tous les prix.

La phrase du jour

« Si vous restiez en retrait ?
– N'empêche qu'à la retraite de Russie,
c'est les mecs qu'étaient à la traîne qui se sont fait repasser. »
(Michel Audiard, Les Tontons flingueurs*)*

Les jardins ouvriers attribués par Krouchtchev.

14 juin, EKATERINBOURG – TIOUMEN
kilométrage journée : 337
kilométrage depuis Brest : 6 928 >>>>>>>>>>>>>>>>>>>>>>>

Le petit paradis potager de Nina

À quelques kilomètres d'Ekaterinbourg, en direction de Tioumen, Nina Stefaneva cultive son jardin. Au milieu de dizaines d'autres petits lopins de terre, sagement alignés et délimités avec précision, sans pour autant se couper de la vue de son voisin. Ces quatre ares lui ont été attribués, ainsi qu'à tous les ouvriers des usines voisines, en 1957, par Krouchtchev. En 1985, elle a eu le droit de les acheter. Elle est chez elle.

À 74 ans, Nina est une belle femme. Ses traits fins, son regard bleu laisse deviner qu'elle a dû faire chavirer des cœurs au temps de sa jeunesse. Et sa coquetterie n'a pas pris une ride. Avant de se faire photographier, presque rougissante, elle rentre dans sa cabane pour se recoiffer. Elle vit dans cette cabane six mois de l'année, durant toute la belle saison. Sa porte s'ouvre sur une terre noire, régulièrement enrichie de compost et d'engrais naturel. Pas un mètre carré n'échappe à la jardinière. Les fleurs y côtoient les légumes – pommes

Nina Stefaneva,une belle femme russe.

de terre, tomates, oignons, concombres, poivrons – et quelques arbres fruitiers, des fraisiers, des framboisiers, et une sorte de myrtille dont elle nous fait goûter les baies. C'est un petit paradis, une enclave de paix et de bonheur, que même les moustiques et les taons semblent vouloir épargner.

Un bonheur utile, aussi. Avec sa production, elle nourrit trois familles. « Je ne vends jamais, je donne. Ça aide, car la vie devient de plus en plus chère. Malheureusement, mes enfants et mes petits-enfants ne peuvent pas en profiter. Ils habitent à Ekaterinbourg et le trajet jusqu'ici coûte trop cher. Plus cher que les légumes ! » Cette année, elle est un peu déçue. Le printemps n'a pas été bon. Pas assez d'eau et un coup de gel qui a eu raison des fleurs prometteuses de son cerisier. Ce sera pour l'année prochaine…

Excepté ces aléas climatiques qui tracassent tous les jardiniers du monde, le petit lopin de Nina semble à l'abri de tous les prédateurs. Naturels. Car il y a quand même les voleurs. « Une nuit, ils ont enlevé tous les fils en aluminium de la ligne électrique pour les revendre et acheter de la vodka. On les a remplacés par des fils de fer dont personne ne veut. » Une nuit de décembre, alors qu'elle avait regagné Ekaterinbourg, des indélicats ont profité de son absence pour couper le haut de son cèdre, afin d'en faire un sapin de Noël. Mais Nina ne leur en veut pas. Elle en a sûrement vu d'autres.

La route vers Tioumen se poursuit tranquillement. Avec une escale roborative dans un petit bistrot. Au menu, des raviolis à la russe, fabriqués sous nos yeux, dans la petite cuisine ouverte sur la salle, par trois femmes tout à leur ouvrage. On ne plaisante pas avec les raviolis. N'en déplaise aux Italiens, c'est l'un des plats traditionnels du pays. On les mange bouillis ou frits. C'est pas de la dentelle. À Tioumen, nous pouvons dire que nous sommes enfin en Sibérie. La ville revendique le titre de « ville mère » de la Sibérie.

Elle est, en tout cas, accueillante. Sur la grande place centrale, où se mêlent, dans un joyeux désordre, un monument, un brin pompier, à la gloire de l'Union soviétique, et une fête foraine, on vous invite à glisser vos pieds dans une paire de pantoufles en bronze. L'inscription qui l'accompagne promet que vous vous sentirez en Sibérie comme chez vous ! Ça tombe bien, parce qu'on va y passer un bout de temps !

La phrase du jour

« En Sibérie, l'hiver dure douze mois. Le reste, c'est l'été. »

Les *pelmenis* (raviolis), une institution dans la cuisine russe.

Home sweet home.

▼ Tioumen, la porte de la Sibérie.

Pause café....

15 juin, TIOUMEN – OMSK (le 16-6-2010 à 4 h 40)
kilométrage journée : 611
kilométrage depuis Brest : 7 539 >>>>>>>>>>>>>>>>>>>>

Ici, la vie, c'est le long de la route

Grosse étape routière, aujourd'hui. D'abord parce qu'il y a six cents kilomètres entre Tioumen et Omsk. Une longue route, plutôt de bonne qualité – on en arrive à relativiser les choses – qui fait notre apprentissage de la Sibérie. Légèrement surélevée, elle traverse un plat pays, fait de marécages, de lacs invisibles ou disparus le temps de la belle saison, et de champs travaillés, une fois que l'eau du printemps les a rendus à l'air libre. À quelques centaines de mètres de la route, on aperçoit, de temps à autre, d'énormes complexes agricoles qui gèrent ces milliers d'hectares sur lesquels viennent de lever blé et seigle.

Au-delà ? rien. Pas une route. L'horizon se ferme sur des lignes de bouleaux. À l'orée de la forêt, des milliers d'entre eux sont morts, usés par l'eau des marécages. Ils ne dressent plus dans le ciel qu'un mur de hampes blanches, sans feuilles, qui dessinent, dans leur lointain proche et pourtant inaccessible, des images de falaises crayeuses, belles et angoissantes comme des mirages.

« Ici, raconte Andreï, la vie c'est le long de la route.

Andreï, chef de chantier. En Sibérie, toute la vie se concentre au bord de la route.

Tu ne peux pas t'en écarter, sauf l'hiver, où il est plus facile de se déplacer où l'on veut. La neige et la glace mettent tout à plat. Plus d'eau, plus d'ornières. Tu traces la route que tu veux. » Andreï est chef de chantier. Nous l'avons rencontré sur un pont qui est en cours de reconstruction. Une voie a été fermée. L'autre reste ouverte à la circulation. Les camions, qui roulent au pas, font trembler le mince tablier dont on peut voir l'armature métallique du béton qui constitue son fondement. Quelques bons coups de marteau-piqueur, et l'on verrait couler la rivière qu'il franchit.

Le béton, c'est justement l'affaire d'Andreï. Lui et son équipe posent une nouvelle dalle sur la voie condamnée. Quand sera-t-elle à nouveau ouverte à la circulation ? « Nous, c'est quinze jours de boulot. Mais, après, il y a le bitume. Alors, on ne sait pas… »

Andreï habite dans un village que l'on aperçoit du pont. L'un des rares. « Avant, on travaillait dans un gros élevage de porcs, l'un des plus importants de Russie. Mais il a fermé. Plus de boulot. Alors, tout le monde est venu sur la route. » Et l'hiver ? « On dégage la neige. » Il se souvient d'une température de – 45°C.

Routière, encore, cette étape, parce que nous avons vécu notre premier ennui mécanique. Pas grave. Moins grave que celui des deux chauffeurs-routiers bloqués sur une petite aire de dégagement, dépourvue de tout équipement. Ils étaient en route pour Irkoutsk. Mais le camion de Vitaly est tombé en panne. Ça ne semble pas l'énerver plus que ça. Il avait déjà commencé à démonter l'axe d'une roue motrice, pensant que le problème se limitait à cela. C'est finalement plus grave. La boîte de vitesses a rendu l'âme. Il va devoir transborder ses trente tonnes d'oignons dans un autre camion dont l'arrivée est promise. Le sien partira en remorque dans un garage.

Pour ne pas le laisser seul, Evgeni, son compagnon de route, a aussi rangé son bahut. Tandis que l'on sirote le *Coca* offert par Vitaly, tous les deux nous racontent leur vie et celle des routiers russes qui roulent au long cours sur cet immense continent. Il leur arrive de rester trois à quatre semaines absents de chez eux. Vladivostok ? Ils n'y sont jamais allés. Mais ils connaissent des collègues qui ont poussé jusque là-bas, ont rechargé pour une ville de la mer Noire et sont rentrés chez eux, à Nijni Novgorod, deux mois plus tard. Combien de temps roulent-ils par jour ? « Ça dépend de la résistance de chacun. Moi, douze à treize heures. Plus, parfois. Il n'y pas de réglementation… » Pour nous, la route s'achève aussi dans un garage, à Omsk.

Mais nous avons appris avec Vitaly et Evgeni que demain est un autre jour.

Le p'tit coup de déprime de Raoul

On savait très bien que les pépins mécaniques sont inévitables sur un tel périple, que c'est même inclus dans le forfait. Mais, pour tout vous dire, on pensait que l'inattendu nous viendrait de la Boudeuse, la voiture de Serge. Toujours en train de couiner. Eh ben, non ! C'est le brave Raoul – c'est ainsi que j'ai baptisé mon chameau à moi – qui nous a flanqué notre première poussée d'adrénaline. À mi-route entre Tioumen et Omsk, il ne connaissait plus ses vitesses, le pauvre gars. Bloqué devant un resto routier. Voulait plus repartir. On a eu beau lui expliquer que la salade Olivier n'était pas bonne du tout, la patronne pas sympa…

Rien n'y faisait.

Avec des soins paternels et des mots encourageants, on lui a soulevé le capot, un peu d'air, ça fait du bien, non ? On a regardé le niveau du liquide hydraulique du circuit d'embrayage. Normal. On a quand même enlevé le bouchon du vase d'expansion et donné quelques coups de pédales d'embrayage. Raoul a ouvert un œil et accepté que l'on passe les vitesses. Mais, quelques kilomètres plus loin, rechute. Il a donc fallu le remettre sous assistance respiratoire. Pomper comme un malade sur la pédale d'embrayage pour lui remettre la tension à niveau. Et on a fait le reste de la route ainsi. En pompant comme un Shadok pour éviter que Raoul disperse ses pignons façon puzzle, ventile sa boîte de vitesses aux quatre coins de la Sibérie. Au bout de trois cents kilomètres, j'avais une jambe gauche de coureur cycliste. L'autre étant restée celle d'un journaliste.

Entre-temps, nous avions prévenu William, le chef d'atelier du service exploitation de Salaün autocars, à Châteaulin. Le bougre t'a déclenché un plan d'urgence qui ferait pâlir de honte un préfet et son plan ORSEC. Coup de fil au service assistance d'*Iveco* – c'est la marque de nos montures – et, dix minutes plus tard, j'avais en ligne Anna, à Turin, qui me demandait si je pouvais parler mécanique et anglais avec leur correspondant à Moscou.

Dans ces cas-là, je te parle le mandarin sans accent.
Vingt kilomètres et des centaines de pompes plus loin, je causais embrayage et circuit hydraulique avec un Russe anglophone et volubile qui m'affirmait avoir identifié le mal dont souffrait Raoul. Et surtout me transmettait dans la seconde, par SMS, les coordonnés de leur honorable agent à Omsk, Vitaly, qu'il avait prévenu et qui avait déjà préparé son plateau d'urgence pour nous accueillir. Effectivement, Vitaly nous attendait dans son garage, où une remorque russifiée des *Transports Mesguen* de Saint-Pol-de-Léon se refaisait une beauté à la *Kärcher*. Cinq coups de téléphone de Turin et de Moscou ont vérifié que tout se passait comme prévu.
La mort dans l'âme, nous avons abandonné, pour une nuit, nos deux véhicules. Oui, la Boudeuse aussi. Par solidarité avec son compagnon, elle refuse, parfois, de passer la marche arrière.
Bien sûr qu'on va de l'avant.
Mais quand même.

Le point G

En six cents kilomètres, nous avons perdu une heure. Nous sommes maintenant à cinq heures de Brest. Dans une précédente chronique, j'expliquais que la Russie, pour simplifier les choses, avait fusionné les fuseaux horaires deux par deux. C'est vrai pour le nord du pays. Pas pour le sud, où des enclaves conservent le système traditionnel. C'est quand même simple, non ?

La phrase du jour

« La grande route de Sibérie est apparemment la plus grande et la plus affreuse du monde. La terre tarde à sécher, on ne trouve aucune voie de détour. Il faut, bon gré, mal gré, rouler sur la route. » (Anton Tchekhov)

NASTIA
Паста
от 130 руб.
Киш
от 65 руб.
Эксклюзивные
вечеринки
WI-FI
Coca-Cola

ANATOLY

ANTON

LORA
ТАКСОФОН
ТАКСОФОН

PAVEL
20
ЛЕНИНА
улица

ELENA

NADIEJDA

VASSILI

Iana
ENERGIE
ВЕСНА/ЛЕТО
2010

KARINA | ALISSA

Après-midi d'été, avenue Lénine, à Omsk

Il faisait un temps de bonheur, hier à Omsk. Du soleil et l'avenue Lénine – la plus grande, comme il se doit – était balayée par un vent tiède et caressant, qui savait se monter taquin avec les robes légères des jeunes femmes que cet été naissant mettait en fête. Tout en déambulant, l'esprit un peu préoccupé par nos ennuis mécaniques, nous avons arrêté quelques passants, au hasard, pour leur poser trois questions.

- *Qu'aimez-vous le plus dans la Russie ?*
- *Que voudriez-vous voir changer dans notre pays ?*
- *Quel est votre rêve pour l'avenir ?*

Ce n'est pas un sondage IFOP, mais une idée s'impose à l'évidence : le Russe aime son pays et en est fier, immensément fier.

Nastia, 18 ans, veut devenir professeur de musique, vend des glaces pour payer ses études
« Tout !
« Augmenter les salaires.
« Obtenir une bonne éducation scolaire. »
Anatoly, 28 ans, plombier
« La nature dans le village où je vis.
« Un revenu plus élevé.
« Tout le bonheur possible pour ma famille. »
Anton, 28 ans, étudiant en management et relations internationales
« Ses habitants.
« Le gouvernement !
« La paix dans le monde. Et pour moi ? trouver la femme idéale. »
Lora, 45 ans, médecin ophtalmologiste
« La sincérité des Russes.
« Augmenter le niveau culturel de la population dans son ensemble.
« Que les gens qui m'entourent soient heureux et en bonne santé. »
Pavel, 18 ans, apprenti matelot
« Le pays lui-même.
« Je ne sais pas !
« Réussir dans mon école. »
Elena, 24 ans, dermatologue
« L'hospitalité de mon peuple, son sens de la solidarité, sa cohésion, son courage. Et son petit grain de folie !
« Que les retraités obtiennent une retraite qui leur permette de vivre dignement.
« Tout va bien, je n'ai pas de grands désirs. Que la Russie se rapproche un peu plus de son histoire, de sa religion orthodoxe. Et je voudrais me marier et avoir des enfants. »
Nadiejda, 70 ans, professeur en retraite
« J'aime tout le pays !
« Le gouvernement doit faire plus pour les Russes, gouverner mieux.
« On n'a plus de rêve à mon âge ! Si j'avais de l'argent, j'aimerais bien voyager. La Grèce, l'Espagne, la France… »
Vassili, 19 ans, passionné de lutte gréco-romaine
« Les habitants. Ils sont bons et intéressants.
« Rien changer. Tout est parfait.
« Je ne rêve pas. Je suis seulement passionné par le sport et par la vie. »
Iana, 19 ans, étudiante à l'université des beaux-arts
« Le peuple et les relations entre les gens.
« Que le pays soit plus propre !
« Une belle carrière. Je veux être professeur. »
Karina, 15 ans, et **Alissa**, 14 ans, écolières (en chœur)
« La nature, la patrie.
« Que le pays soit plus propre, plus beau.
« Partir d'ici. Pour toujours peut-être, mais avec nos parents. À Venise ou en France. »

La citation du jour

« On appelle voiture d'occasion une voiture dont toutes les pièces font du bruit, sauf le Klaxon. » (Pierre Dac)

Un 4X4 en panne....

17 juin, OMSK – NOVOSSIBIRSK
kilométrage journée : 740
kilométrage depuis Brest : 8 279 >>

Raoul, le retour

De bon matin, nous avons quitté Omsk pour Novossibirsk. Sept cents kilomètres. Avec une des deux voitures – Raoul – toujours en soins ambulants. Son système d'embrayage est en dépression. Il faut pomper pour lui amener de l'huile dans les circuits. Pas en forme, mon Raoul. Il trace pourtant sa route avec dignité pour sortir d'Omsk, immense, en plein développement, dont la banlieue offre un paysage d'immeubles neufs, de grands magasins. C'est l'argent du nord de la Sibérie qui s'investit ici. Ceux qui travaillent dans le pétrole et le gaz choisissent de prendre le chaud – tout est relatif – dans cette ville qui compte désormais plus d'un million d'habitants auxquels elle offre un cadre de vie agréable, un urbanisme propre, avec des immeubles étincelants, plutôt réussis sur le plan architectural.

La campagne qui lui fait suite est triste, sans la majesté qui nous avait impressionnés depuis la sortie de l'Oural. C'est dans ce décor banal que Raoul baisse les bras. Il n'en peut plus. Il n'en veut plus. Marre qu'on lui bouscule son intimité.

Une *Lada* qui roule...

Un peu plus de cent kilomètres après Omsk, il faut s'arrêter. On décide de le prendre en remorque derrière la Boudeuse jusqu'à une station-service, investie par des moustiques qui n'ont jamais entendu parler de diététique. Nous ne pouvons continuer ainsi

Trop dangereux, même si la circulation n'est pas intense. À 13 heures, la décision, difficile, est prise. Une voiture va continuer, seule, vers Novossibirsk. Nous avons rendez-vous avec un journaliste de *Dimanche Ouest-France*, Didier Aubin, qui doit nous accompagner pendant une semaine jusqu'à Irkoutsk.

Séparation douloureuse pour les équipages, aussi. Sergueï, mon coéquipier, embarque avec Serge. Ses talents d'interprète et de guide seront précieux pour notre ami Didier. Serge doit poursuivre son travail de photographe. Ce soir, ils se retrouveront tous à Novossibirsk. C'est l'essentiel.

Pour Anton et moi, le programme est moins réjouissant. Nous décidons, après une petite heure de purge du circuit hydraulique d'embrayage, de revenir à Omsk. C'est le seul endroit où nous pouvons espérer une réparation fiable pour reprendre, en toute sérénité, la route vers Vladivostok. On y parvient par nos propres moyens. Raoul n'a pas voulu subir l'humiliation d'un retour, déjà peu glorieux, sur un plateau de dépanneuse. Il est désormais en attente de soins au garage de Vitaly.

Retour à la case départ. Encore faut-il trouver la pièce qui manque au puzzle de Raoul. Et, là, c'est pas gagné. Le service d'*Iveco* France nous promet la pièce dans quatre ou cinq jours. Il faut d'abord la faire venir de Turin en France par taxi. Et puis l'acheminer jusqu'en Sibérie. « Vous vous rendez pas compte de l'endroit où vous êtes ! » nous explique-t-on. Si. On sait même que toutes les villes importantes de cette région disposent d'aéroports très bien desservis par des *Tupolev* qui ne s'écrasent pas tout le temps. La Russie sait gérer son immensité. Mais, évidemment, si on choisit de confier ladite pièce à un auto-stoppeur en route vers Katmandou…

Le correspondant russe d'*Iveco* semble plus efficace. Il nous promet la pièce tant attendue dans les vingt-quatre heures. Super. Le second coup de fil avec l'aimable Vassili nous laisse les bras ballants. « Vingt-quatre heures, c'est le transport. Mais, avec le dédouanement, faut bien compter quatre ou cinq jours… » Avec un week-end qui arrive et les inévitables embrouilles qui font le charme de la Russie, faudrait commencer à envisager un hivernage sibérien. Apprendre à pêcher, à chasser, à casser la glace pour le thé, à décongeler les bières. Bien sûr, la vodka serait à température. Mais quand même…

Dans les minutes qui suivent, je vais donc prendre l'avion pour Paris et y récupérer la fameuse pièce, taillée dans de l'or massif, que William a finalement réussi à dénicher à Trappes !

Retour prévu samedi matin. 5 heures, heure locale. Minuit pour vous. Mais je n'ai pas vraiment fait le compte des décalages horaires.

Si, après tout ça, Raoul ne change pas de mentalité, on l'abandonne à des éleveurs de vaches sibériens. Ces gars-là, un peu énervés, ils te desserrent un écrou avec les dents. Et un embrayage, ils s'en tamponnent comme de leur premier vêlage.

Mais, promis. Début de semaine prochaine, on aura rattrapé la Boudeuse. Pour les dernières étapes, les plus belles…

Tentative de bricolage, sous le regard moqueur des routiers.

Novossibirsk, la plus grande ville de Sibérie.

La Gare du Transsibérien.

18 juin, NOVOSSIBIRSK (le 18-6-2010 à 18 h 25)
kilométrage journée : néant
kilométrage depuis Brest : 8 279 >>>>>>>>>>>>>>>>>>>>>>>>>>>>>>

Une journée à Novossibirsk

Serge et Sergueï sont arrivés à Novossibirsk pour accueillir Didier Aubin, le journaliste de *Dimanche Ouest-France*, qui accompagnera le raid jusqu'à Irkoutsk.

C'est lui qui signe les lignes suivantes et raconte la journée de l'équipe à Novossibirsk.

C'est l'été !

Nous goûtons donc notre bonheur devant la journée radieuse qui s'annonce. Novossibirsk, 1,6 million d'habitants, quatrième ville de Russie, la première de Sibérie.

Une ville toute récente puisque la « nouvelle Sibérie » a été fondée en 1893 avec l'arrivée du Transsibérien.

Didier Aubin, journaliste à *Dimanche Ouest-France*.

Rencontre avec Alexeï, le premier collaborateur *Salaün* en Russie.

Le marché de Novossibirsk.

whiskas

Une grande gare toute verte

Le Transsibérien, impossible d'y échapper ici !
De l'hôtel, on aperçoit une locomotive ancienne toute bleue. Ce « monument historique » de la Seconde Guerre mondiale rend hommage aux « travailleurs de l'arrière-front », qui, par leur courage, ont contribué à la victoire…
Mais le monument de la ville, c'est, bien sûr, la gare. Pas moyen de la louper, elle est immense et peinte dans un beau vert clair ! Tellement grande que la foule qui s'y croise sans bruit et sans hâte ne paraît jamais dense. De la passerelle qui dessert les quais innombrables, le spectacle est fascinant.
Impossible également de manquer l'autre morceau de bravoure de Novossibirsk, son opéra, le plus grand de Russie. On joue en ce moment *Le Lac des cygnes* et *Carmen*. Le directeur mise sur les valeurs sûres. Et pour cause, son salaire est indexé sur les entrées ! Cela ne trouble pas Lénine, dont la statue colossale trône toujours sur la place, indifférente à la marche du temps.

À la hache

Dans un autre genre, le marché couvert est aussi une attraction de premier choix. On découvre une halle de plusieurs centaines de mètres carrés consacrés uniquement… à la viande. Les carcasses sont débitées à la hache par des colosses qui ont dû être bourreaux dans une vie antérieure, avant d'être détaillées par des légions de bouchères armées jusqu'aux dents. Venir tôt le matin, les étals ne sont pas réfrigérés…
Plus loin, Sédik tient un étal d'épices et de fruits secs, composé comme une mosaïque d'art. Tout, ou presque, vient du Tadjikistan voisin, son pays d'origine. Sa famille y vit toujours. Lui a obtenu la double nationalité. Les affaires marchent bien, il ne se plaint pas.

Dans la Cité des académiciens

L'après-midi, nous avons rendez vous avec Alexeï. Il avait 24 ans, en 1999, quand sa route a croisé celle de Michel Salaün, à Ekaterinbourg. Le courant est passé, il est devenu le premier agent de la filiale russe de *Salaün Holidays*. L'aventure lui a fait parcourir treize fois le Transsibérien avec des groupes de touristes de l'Ouest.
Aujourd'hui, après un long détour dans le négoce de pneus, il s'apprête à lancer sa propre affaire, des boutiques de produits bio. Alexeï nous a concocté un petit programme. Cap sur une ville unique en son genre, appelée Akademgodorok. La « Cité des académiciens » a été bâtie dans les années 1950-1960 pour faire travailler ensemble les meilleurs chercheurs du pays, dans toutes les disciplines. L'argent de Moscou a coulé à flots pour construire des centaines de bâtiments, labos, centres techniques, salles de conférences… Tout cela au milieu d'une forêt magnifique, aujourd'hui encore préservée Le rêve a failli s'effondrer en même temps que l'URSS. Depuis quelques années, les financements semblent revenir. La cité accueille désormais aussi, dans des immeubles cossus, des « bobos » en quête de verdure, loin de la grise Novossibirsk.

Au bord de la « mer » Ob

Alexeï parle parfaitement le français. Ici, les francophones sont plutôt rares, ils se connaissent tous et se fréquentent grâce à l'Alliance française. Ça tombe bien, Pauline, la responsable culturelle de l'Alliance, fête ce soir son prochain départ, et nous voilà invités à boire un verre. Cap sur Berdsk,petite ville au bord de la « mer » Ob. En fait de mer, un immense lac de barrage, bordé de plages artificielles et de villas, où les citadins ont l'impression d'être au bord de l'océan. Pauline, 29 ans, est originaire de Saint-Brieuc. Elle termine ici un contrat de dix-huit mois. Avant, elle a travaillé au Kirghizistan, dans la ville d'Och, déchirée par les violences. Elle rêve de retourner au Japon, un pays qu'elle adore, et de finir sa thèse. Elle a beaucoup aimé la Sibérie « pour ses paradoxes et tous ses extrêmes », et beaucoup aimé les Sibériens, « attentifs, accueillants et qui ont le sens des autres ». Ses amis russes et français le lui rendent bien en cette splendide journée. Sergueï s'est baigné deux fois, il serait bien resté pour prendre un bain de minuit, mais Serge le ramène à la raison. On doit se lever tôt demain (samedi) pour avaler les sept cents kilomètres vers Krasnoïarsk.

La phrase du jour

« La Russie dispose de douze fuseaux pour tisser la tapisserie de son immensité. »
(Sylvain Tesson, voyageur)

Akademgorodok, la cité des scientifiques.

Toujours plus à l'est...

19 juin, NOVOSSIBIRSK – KRASNOÏARSK
kilométrage journée : 850
kilométrage depuis Brest : 9 129 >>>>>>>>>>>>>>>>>>>>>>>

De Novossibirsk à Krasnoïarsk

Raoul est toujours en soins intensifs. Et Anton et Jean, cantonnés à Omsk. Des complications s'ajoutent aux complications. Mais la voiture de Serge et Sergueï poursuit sa route. Direction Krasnoïarsk. Avec toujours Didier Aubin à la plume.

Il fallait partir plein est, évidemment… Mais, pour une raison encore inexpliquée à l'heure où je cause, nous partîmes plein ouest. Complètement à l'ouest, les trois gars. Nous avons roulé une bonne demi-heure avant que nos cerveaux s'activent et nous commandent de faire demi-tour. On dira pour notre défense que les Russes, de nature généreuse, la jouent radin sur les

Un parfum de liberté.

panneaux routiers, personne n'est parfait ! Retour donc à Novossibirsk et cap à l'est cette fois, direction Krasnoïarsk. Huit cents kilomètres à couvrir d'une seule traite sur des routes qui varieront du médiocre au passable avec quelques passages honorables. Un voyage de quatorze heures – arrêts-causettes avec les Sibériens compris. Le paysage est intéressant. La forêt de bouleaux et de conifères domine, mais elle n'oppresse pas. Elle se déploie dans des vallons qui semblent dessinés pour le plaisir de l'œil, alternant avec des étendues ouvertes de champs et d'herbe rase.

Vladimir, gardien de vaches

Ici et là, quelques points d'eau où s'abreuve le bétail. Le tableau, bucolique à souhait, nous offre notre première rencontre de la journée. Vladimir, 42 ans, garde un troupeau de cent vaches. Il est assis dans l'herbe haute avec son fils Sergueï, 12 ans, au milieu d'une nuée de moustiques qui accueillent avec empressement les nouveaux venus. Vladimir est vacher de mai à octobre, quand il n'y a pas de neige. La chaleur et les écarts de température rendent le travail pénible. Du moins est-il bien payé : 30 000 roubles par mois, soit 750 euros. Le reste de l'année, il fait le manutentionnaire ou le découpeur de viande en ville.

« La vie est devenue très difficile », nous répète-t-il. Il maudit la *perestroïka* (« reconstruction ») de Gorbatchev et regrette l'ère Brejnev. Il travaillait à l'usine et vivait beaucoup mieux.

Moins 56°C cet hiver

À la station-service où nous ravitaillons la « bête », nous croisons Youri, qui voyage en voiture avec sa femme et sa fille de 8 ans, Cristina.

Chauffeur-routier, il connaît la route, il fait régulièrement Vladivostok-Ekaterinbourg. Il couvre entre mille et mille deux cents kilomètres par jour, soit quatorze heures au volant, et il a l'air de trouver ça normal. Vassili et Sergueï, eux, sont du coin. Ils circulent à bord d'un side-car marron, un Oural de 700 centimètres cubes, des années 1980. La petite merveille *vintage* leur sert à trimbaler des pommes de terre et des jerricanes d'essence.

« Mais on ne s'en sert pas l'hiver. Cette année, on a eu – 56°C », indique Vassili.

Youri, un des nombreux forçats de la route.

▲Vladimir et son fils.

Les rêves de Micha, 5 ans

À l'heure du déjeuner, nous faisons halte dans un petit resto de bord de route, où fume un barbecue, près d'un étal de fruits et légumes… Parfait.

Ilgar, le patron, est né en Azerbaïdjan. Il a fait son service militaire ici en 1987. La région lui a plu, il s'y est installé et a créé sa petite affaire. Ça marche bien, il est heureux. Ses enfants aussi. Surtout Micha, bavard comme une pie, pas trop de ses deux yeux pour capter ce qui se passe autour de lui. Son rêve ? « Devenir modèle dans un magazine américain. » Réflexion faite, il se verrait bien aussi jouer le rôle d'un ours dans un film.

En 2008, une nouvelle loi a permis à la famille d'acquérir la nationalité russe. Elle a dû renoncer à la nationalité azérie.

Sans regret, ils peuvent retourner quand ils veulent au pays natal… à cinq mille kilomètres de là.

La cata du kolkhoze

Plus loin, au cœur de la forêt de bouleaux – ça ressemble à la *taïga* mais ce n'est pas la « vraie » *taïga*, paraît-il – Serge repère un tracteur avec une remorque chargée de bois, qui s'enfonce dans un chemin défoncé. Il lance aussitôt le 4 x 4 à sa poursuite. L'homme s'appelle Sergueï, il a 45 ans. Regard clair, bob, treillis, bottes noires. Il vient de tronçonner des bouleaux. Il lui en faudra dix remorques comme celle-ci pour chauffer la maison tout l'hiver. Sergueï est maintenant chauffeur-routier, il possède aussi une vache et quatre bœufs. Avant, il travaillait ici même dans un kolkhoze « de plus de cinq mille vaches ». Puis il y a eu la perestroïka, la cata pour le kolkhoze. Tout s'est effondré, dit-il en montrant les bâtiments en ruine et les machines rouillées qui nous entourent. Mais il garde le sourire en remontant sur son tracteur.

Il fait nuit quand nous arrivons à Krasnoïarsk. Notre hôtel est resté dans son « jus » soviétique, chambres, meubles, petit déjeuner… Tous les détails dans la prochaine édition !

La phrase du jour

« L'église est proche, mais la route est verglacée.
Le bar est loin, mais je marcherai avec prudence. » (Proverbe populaire russe)

▲ Ilgar et ses deux fils.

▼ Sergueï le chauffeur-routier.

Krasnoïarsk, sur les bords de l'Ienisseï.

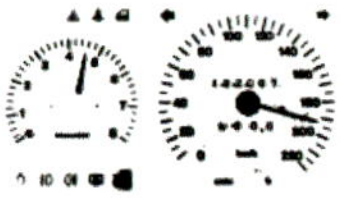

20 juin, KRASNOÏARSK
kilométrage journée : néant
kilométrage depuis Brest : 9 129 >>>>>>>>>>>>>>>>>>>>>>>>>>>>>>

Un dimanche à Krasnoïarsk

Krasnoïarsk est construite au bord du Ienisseï, le fleuve qui trace une ligne bleue magnifique de quatre mille kilomètres du sud au nord de la Sibérie. Jolie ville, pas trop défigurée par les années communistes, même s'il en reste plus que des traces.

Notre hôtel « Tourist », par exemple, totalement dans son « jus » soviétique. La réceptionniste est barricadée derrière sa vitre et le gardien de parking est d'une vigilance pointilleuse. Hall d'accueil chaleureux comme un parloir de prison. Ascenseur sur rendez-vous. Chambres garanties d'origine : literie, sanitaires, etc. En plus, c'est dimanche, pas moyen d'acheter une bouteille d'eau, l'employée qui a la clef doit être en repos. Merci, *Intourist*, de nous faire vivre cette expérience qui nous replonge dans un monde disparu et qui, de surcroît, nous rajeunit de trente ans.

▲ Le monument aux déportés.

▼ Paris, Siberia !

Boisson au pain noir

À deux cents mètres de l'hôtel, Irina est assise auprès d'une petite citerne jaune marquée « *КВАС* ».
Elle vend, au verre ou à la bouteille, cette boisson brune, à base de pain noir, fermentée. C'est délicieux et rafraichissant. Des citernes comme celle-ci, il y en a plus de cent à Krasnoïarsk. L'été, bien sûr. Quand il fait chaud, comme aujourd'hui, où le mercure frise les 30°C, Irina écoule toute la citerne, trois cents litres.

Bagnards

Émouvant, le monument érigé en hommage aux bagnards de Sibérie. Depuis le XVIIe siècle et jusqu'à l'époque récente du goulag, Krasnoïarsk a été une terre d'exil pour des millions de prisonniers, déportés et proscrits du régime.
Les stèles colossales en granit rouge représentent des prisonniers enchaînés marchant vers leur funeste destin.

Au pays de la soif !

Rue de la « Dictature du prolétariat ».

Fiancées

Aujourd'hui, la grande cité est tout sourire. Autour des deux cents fontaines modernes, les enfants s'ébrouent et les amoureux s'embrassent. Les parcs sont pris d'assaut par les familles et les groupes d'écoliers.
Dans la *Mira prospect* (« avenue de la paix »), des jeunes femmes habillées en princesses se dirigent en groupes vers la grande statue de Lénine. C'est la « Journée des fiancées », nous expliquent-elles. Cette fête, créée il y a quatre ans, est l'occasion pour les jeunes femmes mariées récemment – et quelquefois déjà mères de familles – de revêtir à nouveau leur robe de fiançailles. Elles ont toutes l'air heureux comme au premier jour, c'est beau ! En cette journée magnifique, toute la jeunesse de Krasnoïarsk s'est retrouvée sur les bords du fleuve. Les ados en scooter des mers s'amusent à faire des virages serrés tout près de la rive pour épater les filles qui bronzent sur la pelouse. Ici, l'hiver, le fleuve est gelé et il fait – 50°C.

La journée des Fiancées.

Raoul en poursuiteur

Ça y est, notre second véhicule – Raoul – a repris la route. Il a bien voulu quitter, vers 13 h 30, Omsk et un garage auquel il avait fini par s'attacher, pour Novossibirsk. Sept cent vingt kilomètres. Nous y sommes arrivés vers 20 h 30, sans avoir vraiment pris le temps de nous arrêter et d'explorer le paysage du bord des routes. Notre objectif est maintenant de rejoindre au plus vite le reste de l'équipe à Irkoutsk. En réduisant à deux étapes ce qu'ils ont fait en trois. Mille neuf cents kilomètres au total. Avec de mauvais tronçons, nous ont annoncé nos ouvreurs de piste.
Donc, demain, lever aux aurores. Donc, au lit. Personnellement, j'ai quinze heures d'avion et du décalage qui ne se compte même plus à récupérer.

Quel sac !

Petit retour, quand même, sur une opération un peu éprouvante, même si elle m'a fait prendre l'air…
Dès le retour de notre 4 x 4 à Omsk, le 17 au soir, la discussion avec Michel Salaün est simple. Je lui confirme que, si nous devons attendre une pièce huit jours, nous ne rejoindrons plus jamais la première voiture et que notre raid perdra de sa force. Décision immédiate de Michel, qui en a vu d'autres : « On va te trouver une pièce et tu viens la chercher immédiatement à Roissy. On t'envoie tes billets électroniques. »
C'est ainsi que le 19, après sept heures de vol, une escale rapide à Moscou et six heures de décalage horaire, je me retrouve à Paris. Trois heures d'escale. Le temps de récupérer les fameux émetteurs d'embrayage – on m'en confie finalement deux – et d'avaler un jambon-beurre avec un bon verre de vin rouge aux goûts oubliés, et me voilà devant le contrôle de sécurité, où les choses se compliquent. Les deux pièces métalliques ne seront pas admises en bagage à main. Pour cause de traces d'huile. Retour en catastrophe au guichet de l'Aeroflot pour faire enregistrer le sac en soute. Ça va être chaud.
C'était effectivement chaud. Trop. La trousse de secours de Raoul s'est perdue à Roissy. À Moscou, on prend les choses avec un fatalisme optimiste. « Elle arrivera avec le prochain avion ! Rentrez à Omsk, on la fera suivre… »

Je prends donc mon vol pour la porte de Sibérie, où j'atterris le samedi 19, à 6 heures du matin. La journée sera paisible ; la soirée, beaucoup moins. Avec le décalage, c'est en fin de soirée et en début de nuit que s'ouvrent les tractations autour de mon sac. Entre Omsk, Moscou et Pont-de-Buis, où Olga Trineeva, directrice commerciale de Pouchkine Tours, *fait jouer toutes ses relations et sa connaissance de son pays natal pour débloquer une situation qui s'est vite révélée plus compliquée qu'on ne l'imaginait.*

À Moscou, la valise perdue a été récupérée par les douanes, qui en ont, évidemment, vérifié le contenu. Et découvert les deux pièces dont la rentrée en terre russe, sous le simple effet d'un zèle d'un fonctionnaire, aussi excessif qu'obtus, m'a fait franchir la frontière qui sépare l'honnête touriste du dangereux trafiquant. L'amende s'annonce, la geôle menace…

*Un espoir subsiste, toutefois. Vers les 22 heures (heure d'Omsk), un changement de poste pourrait, selon Olga, nous tirer d'affaire. Le nouveau serait moins jugulaire-jugulaire que le premier et entretiendrait des relations cordiales avec le personnel moscovite de l'*Aeroflot.

*À 2 heures du matin (toujours heure d'Omsk), la réponse arrive : « Le nouveau chef ferme les yeux sur l'importation frauduleuse de pièces, mais exige que tu viennes toi-même rechercher ton sac à Moscou. Regarde pour les avions. Bisous. » L'avion pour Moscou est évidemment très matinal. Le genre 8 heures. Une heure à laquelle le petit aéroport sent la gueule de bois, la cuite qui n'en finit plus et les réveils énervés. C'est le grand bordel. La préposée de l'*Aeroflot *connaît à peine assez d'anglais pour m'expliquer qu'elle n'accepte pas les cartes bancaires et moi encore moins de russe pour lui dire ce que j'en pense.*

Vers 10 heures (heure de Moscou), je suis dans l'aéroport de Moscou. Pour découvrir que la préposée au comptoir du moderne aéroport de la capitale ne parle guère mieux anglais que sa collègue d'Omsk. Je comprends simplement qu'il me faut revenir vers 15 heures. Elle m'expliquera alors où je pourrai éventuellement récupérer ces p… de pièces ! Cinq heures à attendre. Tu commences à me les briser menues, Raoul !

Vers 15 h 30, la dame – serviable, au demeurant – m'indique sur un plan où je dois me rendre. C'est pas vraiment loin, mais c'est quand même au troisième sous-sol de l'aéroport, au détour d'une demi-douzaine de couloirs qui ont l'air de mener nulle part. Sinon devant une porte fermée à clef. Il faut attendre un peu. Le personnel fait sa pause-déjeuner.

Quand il revient, c'est un chef jovial et débonnaire qui m'invite à le suivre jusqu'à une machine à scanner les bagages, sur laquelle s'ennuie mon sac.

« C'est à vous ? » J'assume.

« Et c'est quoi, ça ? me demande-t-il en désignant les deux émetteurs d'embrayage.

– Des pièces pour ma voiture qui est en panne à Omsk…

– Très bien. Allez-y.

– Vous ne voulez pas qu'on ouvre le sac ?

– Non, allez-y. Et bon voyage ! »

Trois minutes. Et le prochain avion pour Omsk ne part qu'à 23 heures. Huit heures à attendre et une nouvelle nuit en avion. Pour trois minutes. Trois minutes en tout ! Là, vraiment, Raoul, t'as intérêt à arrêter de déconner !

Le lundi 21, à 6 heures du matin, je suis de retour à Omsk. À 7 heures, après avoir expliqué à un chauffeur de taxi, dans le plus pur des français, que ce n'était pas le jour à me prendre pour une truffe, je frappai à la porte de la chambre d'hôtel d'Anton, à la fois soulagé et étonné de me revoir, et lui donnai les pièces.

Au garage, Raoul, moteur déjà démonté, attendait. Y allait avoir du sport !

Plus on avance vers l'est, plus la route devient irrégulière, avec de longs passages de travaux.

21 juin, KRASNOÏARSK – TOULOUN
kilométrage journée : 718
kilométrage depuis Brest : 9 847 >>>>>>>>>>>>>>>>>>>>>>>>>>>>>>>>>

DANS LA SIBÉRIE PROFONDE

Vous aurez du mal à trouver Touloun sur l'atlas. Une ville perdue au fin fond de la Sibérie, quelque part entre Krasnoïarsk et Irkoutsk. Nous y passons la nuit après six cent quatre-vingts kilomètres et treize heures quasi ininterrompues de conduite.

Ah ! la M3, dont le nom sonne presque comme une autoroute européenne ! Presque. Le bitume s'arrête d'un coup, sans prévenir, et laisse la place à une piste de terre défoncée, truffée d'ornières monstrueuses et hérissée de cailloux. Le 4 x 4 traverse des nuages de poussière soulevés par les camions et les rares voitures.

On roule à 40 kilomètres à l'heure, parfois moins, de peur de tout casser. L'asphalte réapparaît… Pour s'évanouir à nouveau vingt kilomètres plus loin.

▲ Un village sibérien.

Au royaume du train

Route ou piste, le décor varie peu : bouleaux, sapins, à droite ; sapins, bouleaux, à gauche. Parfois, des champs de terre sombre et des esquisses de plaine laissent le regard s'évader. Les rails qui longent la route, la croisent et la recroisent font aussi partie du décor. Les trains glissent à petite vitesse entre les rideaux d'arbres. Les énormes locomotives tirent des wagons de marchandises ou des wagons-citernes à n'en plus finir. La Sibérie vit par le train. S'il s'arrête, la Sibérie s'arrête aussi.

Deux Français à vélo

Alexis et François n'ont pas pris le train pour arriver jusqu'ici. Ni la voiture. Les deux copains, 23 et 21 ans, ont choisi le vélo pour faire Poitiers-Pékin. Ils pédalaient tranquillement à trois cent cinquante kilomètres de Krasnoïarsk quand nous les avons aperçus. Partis le 1er mars, ils ont déjà parcouru neuf mille kilomètres, à raison de cent à cent vingt kilomètres par jour et sept à huit heures en selle. Il leur en reste trois mille kilomètres à couvrir pour arriver au terme de leur aventure. Le soir, ils frappent à la porte des gens pour demander l'hospitalité. Ça marche pas mal. Et, quand ça ne marche pas, ils plantent leur tente… Et s'endorment aussitôt. Ni l'un ni l'autre ne pratiquaient le vélo auparavant. Alors, pas trop fatigués ? « Non, ça va. Le plus dur, c'est quand on fait halte en ville, ça rompt le rythme… »

Des trains, toujours des trains…

Une autre philosophie du voyage.

La vie du cantonnier sibérien

Il fait encore dans les 40°C quand nous arrivons à Touloun. Une chaleur sèche, toute continentale. La petite cité, où il n'y a ni internet ni restaurant, ne respire pas l'opulence. La statue de Lénine fait *cheap*. Désolé, camarade, c'est l'intention qui compte !

Cet hiver, il fera dans les – 40°C ici. Devant chaque isba, des tas de madriers de sapin, longs et fins, attendent d'être débités et rentrés. Nicolaï, lui, a déjà terminé sa tâche. Les morceaux de sapin sont soigneusement rangés dans le jardinet, tout près de la porte de la maison. Il nous fait entrer. D'abord un sas, pour amortir la différence entre dehors et dedans. Puis, à gauche, la cuisine où trône le four-cuisinière. Gavé de buchettes deux fois par jour, il chauffera toute la maison grâce à des bouches d'air et une plaque de métal diffusant la chaleur vers les autres pièces. Simple et efficace. Nicolaï est cantonnier. L'hiver, il déneige les routes à la pelle. L'été, il étale du bitume sur les routes esquintées. Gel, neige, dégel, bitume, + 40°C, – 40°C, ainsi va vie du cantonnier sibérien.

Ce mardi, cap sur Irkoutsk et le lac Baïkal.

Nicolaï, le cantonnier.

LE GRAND RAID
BREST VLADIVOSTOK
MASSIF
IVECO
КРАСНОЯРСК
БОЛЬШАЯ УРЯ
300м

Touloun, un village au cœur de la Sibérie.

Rallye dans les mers sibériennes

Nous sommes ce soir à Irkoutsk. Raoul – le petit nom de la voiture n° 1 – a enfin rejoint la Boudeuse – le petit nom de la voiture n° 2 – après cinq jours de vie séparée, au 44 du boulevard Youri-Gagarine, sur le parking de l'hôtel Intourist. Avec bonheur. Car il n'y avait aucun souci dans le couple. Juste un problème mécanique. Et il est fier, le Raoul ! parce qu'il n'a ménagé ni son turbo, ni ses chauffeurs – Anton et votre serviteur. Deux mille sept cents kilomètres, trente-trois heures de conduite, en moins de trois jours. Sur de la voie express ou de l'autoroute française, on se dit : « Facile ! » Et en avion, deux fuseaux horaires, on oublie… Sur de la route sibérienne qui, entre un dégel dévastateur et un premier coup de froid, laisse à peine le temps aux cantonniers de débarquer leurs pelles, c'est une tout autre affaire.

Sur les huit cent cinquante kilomètres qui séparent Kansk d'Irkoutsk, plus de trois cents feraient frémir un char Leclerc. Des tronçons entiers n'ont jamais connu le bitume, traversent des villes et des villages, sont patiemment marchandés par des camionneurs patients et résignés…

Une belle portion de route ? il faut en profiter, raisonnablement, car, au bout, il y a le retour à la boue ou à la poussière. Nous, c'était la boue. Et peut-être, au détour d'un virage, un fossé qui traverse la route sans prévenir et qui, profond d'une demi-roue, a englouti le bitume et vous ramène violemment là où vous êtes. Le reste, c'est de caillasse, de la terre, et des ornières qu'il faut apprendre à suivre ou à éviter. Si une voiture vous dépasse, vous la suivez, en vous disant qu'elle cassera avant vous. Et que vous reprendrez, alors, une autre piste. Avec, toujours, dans la voiture, le bruit infernal des caisses à outils et des jerricanes de réserve qui cognent sur le plancher du plateau arrière. Et ce chou farci, avalé vite fait ce midi, qui joue les ascenseurs dans votre estomac… Et c'est la route d'une grande ville ! Et la seule qui mène au bout de la Sibérie !

Ici, on compte les kilomètres gagnés. Il faut oublier le temps. Et prier tous les saints du paradis pour que vos pneus n'aillent pas rejoindre le cimetière des épaves caoutchouteuses qui jonchent les bords de route. On dit que le diable se niche dans les détails ? en Sibérie, la route est son paradis. Jamais pavé de bonnes intentions. Ce rallye forcené et obligatoire pour rejoindre nos compagnons, nous a, bien sûr, frustrés. Nous aurions aimé nous arrêter à Krasnoïarsk. Quand nous avons traversé le fleuve Ienisseï – ce fleuve qui traverse la Sibérie du sud au nord et dont Tchekhov disait qu'il était trop puissant pour son lit – Anton dormait. Il n'a pas vu la petite brume, basse et diaphane, qui couvrait son cours, le laissant apparaître comme dans un rêve. Irréel et présent. Beau et dangereux comme une tentation.

Nous avons été frustrés de ne pas nous arrêter à l'une de ces petites cabanes plantées au bord de la route, témoignant de la présence proche de villages qui s'appelaient nulle part, et où l'on vendait trois champignons et quelques branches de bouleau... Mais nous avons savouré ensemble le spectacle de la nature sibérienne, qui défilait sous nos regards trop empressés. Le ciel, parfois lumineux, parfois fermé de nuages, dessinait des paysages sans cesse nouveaux et leur donnait des nuances raffinées.

Au bord de la route, la terre qui cachait encore ses levées de demain était noire ; celle qui livrait déjà au ciel de futurs blés à la blondeur promise vous balançait dans les yeux une verdure arrogante. Au loin, des cultures plus avancées se contentaient d'un vert laiteux. Encore au-delà, l'orée d'une forêt sans fin affichait un regard sombre, donnant un horizon provisoire à un pays qui n'en a pas.

Je pensais, jusqu'à présent, que seule la mer, sous un ciel d'orage, pouvait ainsi renvoyer, avec une telle superbe, les peintres à leurs palettes.

La Sibérie est une mer, immense et tourmentée. Belle et rude.

Une nuit à Kansk

Notre navigateur était formel et l'adresse donnée par Olga, aussi. Notre hôtel, petite étape nécessaire avant de reprendre la route vers Irkoutsk le lendemain, se situait bien « allée de la Forêt » et s'appelait Chez Medved, c'est-à-dire « Chez l'Ours », ce qui me comblait de bonheur, dans la mesure où cet animal est le totem que m'ont donné des amis russes. Nous prîmes donc gaillardement, à la nuit déjà tombante, l'allée des Bois.

Gaillardement, c'est beaucoup dire. Au bout d'un kilomètre – mais au milieu des bois, il est vrai – alors que nous cahotions à dix kilomètres à l'heure sur un chemin de terre, Katerina – c'est le nom de notre nouvelle navigatrice GPS – nous assura, en russe, que nous étions arrivés. Le problème, c'est que, dans les environs, il n'y avait pas plus d'hôtel que de supérette 24/24 place Vendôme à Paris. Anton, qui parlait évidemment russe avec Katerina – et il aurait été inconvenant que je me mêle à leurs échanges – décréta que l'on devait poursuivre dans cette mauvaise voie. On le fit.

Au bout de quelques kilomètres laborieux, nous vîmes un panneau au milieu de cette forêt profonde. Eurêka ! Medved ! Anton me ramena gentiment à ma méconnaissance du russe. Il s'agissait d'une base de scouts… Comme on n'avait pas de sacs de couchages et que j'en avais soupé, en mon jeune temps, des soirées

« Monte flamme légère », on passa notre chemin. Pour arriver à une route où Anton put demander des renseignements un peu plus précis que ceux fournis par Katerina. Retour case départ une demi-heure plus tard. En fait, nous étions passés devant l'hôtel, sans le voir. Il est situé près d'un rond-point, juste avant l'allée des Bois. Il faut dire qu'il était caché par deux camions. C'est vous dire l'importance de l'établissement.

La patronne nous accueillit sèchement, remplit cinq fiches de police à la main et deux notes à régler sur le champ. Mille huit cents roubles par personne. Genre cinquante euros. Il ne reste plus que des chambres de luxe, nous expliqua-t-elle. En Sibérie, le luxe peut être, aussi, très relatif. À l'odorat, il était indéniable que la mienne avait été précédemment occupée par un ours mal léché. Mais les draps, soigneusement posés sur le lit, étaient propres. Restait plus qu'à le faire, le lit. Nous dînâmes dans le café à côté. Très abordable. Quatre euros par personne pour un repas complet. Effets laxatifs compris. De retour dans ma chambre, entre deux visites aux toilettes, j'ai pu voir l'équipe de France se faire torcher par l'Afrique du Sud. La télé était sans supplément. Pour Domenech, y en aura sûrement.

La rencontre du jour

À une centaine de kilomètres de Kansk, dans un relais routier où nous nous étions arrêtés pour qu'Anton puisse grignoter un frugal petit déjeuner – des bricoles, un thé, un plat de charcuterie, cinq crêpes, deux gâteaux à la crème et une glace – nous avons rencontré Élise et Matthieu, un couple de Guingampais. Ils font route avec un couple de Belges, Henri et Erika, rencontrés lors du passage de la frontière. Avec leurs 4 x 4, ils roulent vers Irkoutsk. Puis la Mongolie et retour par le sud vers la France. Dans le café, contact immédiat. « Salut, le Grand Raid ! » Ce sont des accros de notre site. « Depuis l'entrée en Russie, vous nous servez d'ouvreurs ! Super ! » Bonne route, les amis ! Et que les moustiques te laissent en paix, Élise…

La phrase du jour

« Le fleuve le plus abondant ne peut ajouter une goutte à un vase déjà plein. »
(Léon Tolstoï, Le salut est en vous*)*

22 juin, TOULOUN – IRKOUTSK
kilométrage journée : 378
kilométrage depuis Brest : 10 225 >>>>>>>>>>>>>>>>>>>>>>>>>>>>>>>>

Les trois cent soixante-dix kilomètres de belle route depuis Touloun ont été vite avalés. Aucune difficulté à signaler. La forêt desserre son étreinte et cède le terrain aux cultures de céréales et à la plaine. Ici et là, des cheminées d'usines crachent d'épaisses fumées vers les villes voisines ou la forêt. La protection de l'environnement n'est pas encore le souci premier en Russie…

Nos premiers pas dans Irkoutsk (650 000 habitants environ) nous le confirment, c'est une cité qui a du charme et du caractère. Par 40°C (Serge ne veut pas le croire), les habitants cherchent la fraîcheur dans les parcs ombragés et sur les rives de l'Angara, la belle et large rivière sortie tout droit du lac Baïkal, à soixante kilomètres d'ici. Nous arpentons quelques rues, histoire de humer l'atmosphère et de passer devant des maisons anciennes en bois, qui sont l'une des curiosités de la ville. Nous n'aurons pas assez d'une journée demain pour découvrir celle qui a été surnommée le « petit Paris de Sibérie ».

Irkoutsk, le petit Paris sibérien.

Jeune étudiante aux Beaux-Arts devant l'église Saint-Sauveur.

23 juin, IRKOUTSK
kilométrage journée : néant
kilométrage depuis Brest : 10 225 >>

Pendant que Jean et Anton jouaient les Vatanen pour nous rejoindre, nous avons découvert Irkoutsk et le lac Baïkal sous la conduite éclairée de Marina, guide francophone pour *Salaün Holidays*. Afin d'avoir une vue d'ensemble de la ville, nous décidons de grimper au clocher de l'église Saint-Sauveur, un bel édifice orthodoxe de 1706, orné de grandes icônes sur la façade. Deux autres églises s'élèvent sur la place. Tout autour, des étudiantes aux beaux-arts peignent les édifices. « C'est un exercice, explique Tatiana, dont les traits disent l'origine bouriate, une région voisine de la Mongolie. Nous devons représenter au moins deux églises dans l'espace. » Elle est en troisième année, il lui reste trois ans à faire. Elle adore Modigliani, Picasso et aussi Renoir.

Nous ne verrons pas la ville de haut, les dames de l'église ne savent plus où est la clef…

Peut-être demain.

Le musée des Décembristes.

Jusqu'au bout du monde

Direction le musée des Décembristes. Cette élégante demeure a été habitée par le prince Serge Volkonski, l'un des chefs de la rébellion des nobles contre Nicolas Ier. Ils étaient opposés au servage et partisans d'un régime démocratique. C'était en décembre 1825. Ce fut un échec. Les principaux chefs furent pendus, et cent vingt et un exilés en Sibérie. Neuf épouses courageuses les suivirent, abandonnant titres et enfants. Parmi celles-ci, la femme de Volkonski, Marie Nicolaevna, à demi française, qui avait juré à son mari de le suivre « jusqu'au bout du monde, si nécessaire ». Nous mettons le cap plein sud vers le lac Baïkal. La belle route tracée tout droit au milieu de la forêt, longe la rivière Angara. Nous faisons halte dans un petit chemin qui grimpe vers un lieu sacré où les esprits sont présents, selon les chamans qui vivent autour du lac. Les gens attachent un ruban au tronc des arbres et aux branches et forment un vœu. Nous sacrifions bien sûr à la coutume locale, très vivace, et pas seulement pour le folklore.

Sous la protection des chamans.

Entre Irkoutsk et le Baïkal, le musée de l'Architecture en bois.

La pêche à l'*omul*,
l'activité phare du Baïkal.

Une ville sauvée des eaux

Avant « le » lac, un autre arrêt s'impose au musée de plein air de l'Architecture en bois. C'est une ville-conservatoire, réalisée avec des maisons et des monuments traditionnels de la région.
Ces constructions proviennent de villages engloutis sous les eaux d'un barrage. Elles ont été démontées puis remontées à l'identique. Une opération relativement simple, puisque tout ou presque est assemblé en rondins avec le minimum de pièces métalliques.
Au lieu près, tout est authentique et d'origine, y compris l'étonnante forteresse et sa palissade défensive, une école et une chapelle du XVIIe siècle, qui est le plus vieux bâtiment de Sibérie.

La mer !

Encore un peu de route, au milieu de la forêt. Soudain, l'Angara s'élargit et laisse venir à nos yeux éblouis le lac Baïkal. On comprend pourquoi les gens d'ici l'appellent la « mer ». Le lac fait 636 kilomètres de long et 79 kilomètres en sa plus grande largeur. Sa profondeur est exceptionnelle, jusqu'à 1 636 mètres. Il contient 23 millions de mètres cubes d'eau, soit 20 % du total des réserves d'eau douce de la planète. Ce géant, né il y a vingt-cinq millions d'années, s'offre même des marées de… deux centimètres d'amplitude et des tempêtes à ne pas mettre un marin dehors, fût-il Breton. Aujourd'hui, pas de chance pour Serge, la lumière est voilée, à cause de la brume de chaleur mais aussi des incendies de forêt. Cela n'empêche pas Sergueï de piquer une tête dans le lac – c'était un rêve d'enfant – sous les yeux éberlués des Russes qui connaissent la température de l'eau, très froide. Tout cela nous a ouvert l'appétit. Nous allons choisir quelques *omuls* fumés à l'un des nombreux étals installés près du port de la ville de Listvianka. L'*omul* est « le » poisson du Baïkal, il ne vit qu'ici. Sa chair est d'une exquise finesse. À manger ici avec les doigts, un bonheur !

Dans la maison de Baba Katia

Grâce à Marina, nous avons pu faire une belle rencontre à Listvianka. Baba Katia, 94 ans, nous ouvre sa maison, à quelques encablures du lac. La maison a trois cents ans et est construite tout en rondins, sans un clou de fer. Elle a été démontée pour être réinstallée ici. Volubile, pétillante, la mémoire intacte, Baba Katia nous raconte sa vie. Son père possédait des bateaux de marchandises sur le lac. « Les Rouges nous ont tout pris. » La guerre civile et les épidémies ont incité la famille à quitter Irkoutsk en 1920 et à s'installer ici.
Elle vit dans une seule grande pièce, les rondins ont été recouverts de plâtre blanc. Un coin cuisine avec le four-cuisinière-chauffage, où elle fait brûler du pin, du bouleau et du mélèze. « C'est une science de bien chauffer, vous savez », dit-elle. Est ce que la vie est belle pour cette ancienne technicienne météo, en retraite depuis 1971 ? « Je ne me plains pas. Ma retraite me suffit et je n'aime pas demander d'aides. Aujourd'hui, j'ai planté des pommes de terre et des betteraves. J'arrête, car je suis fatiguée. »
Elle lit le journal et confectionne des coussins. Son chien et son chat, très copains, lui tiennent compagnie.

Didier Aubin

▲ Baba Katia.

▼ Litsvianka et ses belles maisons colorées.

La rivière Angara s'élargit pour atteindre le lac.

24 juin, IRKOUTSK ET LE LAC BAÏKAL
kilométrage journée : 155
kilométrage depuis Brest : 10 380 >>>>>>>>>>>>>>>>>>>>>>>>>>>>>>>>>>

BAÏKAL, LE PIED ! (GELÉ)

Nous avons fait d'Irkoutsk un grand moment de notre route. Il y a eu le passage de la frontière russe, le franchissement de l'Oural et le Baïkal. Le lac. Celui de tous les superlatifs. Cette mer qui cache son nom et protège son eau douce même si la rivière Angara, qui y puise son flot, se jette dans le fleuve Ienisseï, qui finit sa longue route transsibérienne dans la mer Arctique. En Russie, le monde peut être aussi petit.
L'événement devait être célébré. Nous avons acheté une bouteille de vodka du cru, faite avec de l'eau du lac et le savoir-faire des hommes, et décidé de venir déverser quelques gouttes symboliques de ce breuvage dans le plus précieux réservoir d'eau de la planète. Un prêté pour un rendu.

Nous avons aussi promis de nous baigner ici. Sergueï l'avait fait la veille. Brièvement. En ce qui concerne le reste de l'équipage, ce fut encore plus bref. Une minute

L'équipe est à nouveau au complet, nous fêtons ça en versant quelques gouttes de vodka dans le lac.

les deux pieds dans l'eau laissait déjà entrevoir une amputation pour gangrène menaçante. Ce qui serait pénalisant pour conduire une voiture, même avec un embrayage remis à neuf.

Face à une eau à cinq ou six degrés, nous avons préféré regagner la plage, finir la vodka – les chauffeurs étant exclus des toasts, mais il se trouve que j'avais laissé mon permis à l'hôtel – et manger quelques *omuls* fumés, un poisson des fonds du Baïkal, dont la chair est d'une délicatesse à nulle autre comparable. Moment inoubliable. Nous sommes rentrés à Irkoutsk, ville, aussi, inoubliable. On la quittera demain avec regret. Et avec l'espoir d'y revenir, parce qu'elle est ailleurs.
Demain, nous contournerons le Baïkal par le sud et nous longerons sa rive orientale. En espérant le revoir. On ne peut pas se quitter comme ça. Même si mes pieds sont encore étrangers à mon corps.

Le lac Baïkal. Ici, on l'appelle « la mer ».

L'homme du jour

L'amiral

Dans l'enceinte de la cathédrale de Znamensk, à Irkoutsk, une imposante statue rend hommage à un héros russe qui vient d'être réhabilité, Alexandre Koltchak. Explorateur polaire, officier de marine brillant – il fut le plus jeune vice-amiral de la flotte impériale – le grand marin devint gouverneur de la Russie et prit le commandement des armées des Russes blancs.

Sa carrière s'acheva sur les rives de l'Angara, à Irkoutsk, où il fut fusillé en février 1920. Son corps fut jeté dans la rivière. Un superbe film russe, *L'Amiral*, d'Andreï Kravtchouk, vient de lui être consacré et raconte notamment la période de sa vie relative à la révolution et à la guerre civile. La maîtresse de Koltchak, Anna Trimireva, est jouée par une actrice d'une sublime beauté, Elizaveta Boïarskaïa.

La phrase du jour

Puis cette nuit obscure, où sort la jeune fille,
Le cou, la gorge nue et le front aux bourrasques…
Mais l'ouragan du nord est doux aux roses russes.
Ah ! comme il est brûlant, le baiser dans le gel !
Ah ! que la jeune Russe est fraîche dans la neige !
(Alexandre Pouchkine, C'est l'hiver)

La statue d'Alexandre Koltchak.

L'échoppe de Lena accueille les voyageurs pour une dégustation express.

25 juin, IRKOUTSK – OULAN-OUDE
Kilométrage du jour : 458
Kilométrage depuis Brest : 10 380 >>>>>>>>>>>>>>>>>>>>>>>>>>>>

Le bon tour du vieux Baïkal

Le Baïkal existe, le Baïkal a une âme. Il a tout pour impressionner. Et pourtant c'est le contraire. Il attire, il fascine, il séduit… Il rassure, même, comme un père. Il est notre compagnon durant toute cette journée qui nous mène d'Irkoutsk à Oulan-Oude, la capitale de la république autonome des Bouriates. Quatre cents kilomètres d'une route agréable et sinueuse dont le plus grand charme est de nous rapprocher, de temps à autre, du lac mythique. De nous laisser le retrouver et le regarder à nouveau sans jamais nous lasser. Découvrir aussi la vie qui l'entoure, le petit peuple de ses rives, qu'il nourrit de ses eaux poissonneuses.

Pendant la première trentaine de kilomètres, on le perd de vue, le vieux Baïkal. La route traverse une grande forêt qui joue aux montagnes russes. Mais on sent sa présence, on sait qu'il est là, derrière. Et, lorsqu'il apparaît enfin, on ne peut s'empêcher de sourire, comme à un ami qui s'est fait un peu attendre mais dont on était sûr qu'il viendrait.

Ces premières retrouvailles ont lieu au-dessus de Sludianica. Dans les premières rampes qui descendent vers le petit village, Lena et Anya vendent et préparent les poissons du Baïkal, que les automobilistes dégustent avec délice. Il n'est pas encore 10 heures qu'un pique-

La ligne du Transsibérien longe la rive ouest du Baïkal.

nique s'improvise sur le capot d'une voiture occupée par trois Bouriates bâtis comme des lutteurs. Bière, vodka et poissons sont ingurgités à la diable. L'échoppe de Lena et Anya possède une vue imprenable sur le lac. On est ici dans son extrême pointe sud-ouest. Ensuite, on peut commencer la remontée de sa rive orientale. Mais la beauté d'un paysage ne suffit pas au bonheur. Pour les deux jeunes femmes, la vie est dure. Le froid, le soleil, la pluie, les moustiques rendent encore plus pénible un travail qui l'est déjà. « Mais c'est comme ça ! Il n'y a rien d'autre à faire ici. Pas de travail. »
Nous retrouverons le Baïkal en début d'après-midi, à Babouchkine. Le rendez-vous est somptueux. Le lac affiche sa plus belle eau sous un rayon de soleil. Au loin, on distingue l'autre rive, coiffée de nuages qui s'amusent à reproduire les couleurs de cette mer qui cache son nom. Sa rive est longée par une voie de chemin de fer et la gare de Babouchkine déborde d'activité. Comme le hasard peut parfois bien faire les choses, le Transsibérien y fait halte juste devant nous. Lui aussi va à Vladivostok. C'est marqué sur les wagons verts. Depuis le temps qu'on lui courait après !
Mais pour nous, maintenant, c'est l'heure de la séparation. Notre route nous éloigne définitivement du Baïkal pour grimper vers Oulan-oude, à cent soixante kilomètres de là. Il y a soudain comme un petit coup de cafard. On se sentait bien, près de lui.
On lui a promis de revenir en hiver.

Le champion du jour

Le Baïkal fait exploser tous les chiffres dans sa catégorie. Avec 23 millions de mètres cubes, il constitue la plus grande réserve d'eau douce du monde.
Alimenté par plus trois cents cours d'eau, il pourrait subvenir à la consommation mondiale pendant quarante ans. Sa superficie est l'équivalent de la Belgique, et ses rives alignent deux mille kilomètres.

Que vous dire d'autre ? Que les Américains peuvent aller se rhabiller : à lui seul, le Baïkal, le lac le plus profond du monde (plus de mille six cents mètres), contient autant d'eau que les six grands lacs des États-Unis d'Amérique.
Un peu de poissons ? Oui, cinquante-deux espèces dont le fameux *omul*, une sorte de truite qui ne vit qu'ici.
Ah ! j'oubliais ! il y a aussi une espèce de phoque, le seul à vivre en eau douce.

Le cadeau du jour

Aujourd'hui, nous avons été contrôlés deux fois par la police. Le premier policier, très sympa, était en fait intrigué par notre voiture et voulait en savoir plus. Sergueï lui a tout expliqué, lui a donné l'adresse de notre site et nous sommes repartis. Le second policier était aussi très sympa. Mais un peu moins désintéressé.

Il m'a demandé un « cadeau de la France ». On lui a donné un *Salaün magazine*, mais il nous a rappelé qu'il ne savait pas lire le français. Les images, non ? «Vous n'auriez pas plutôt de l'argent français ? »
J'ai fini par dénicher une pièce de deux euros au fond de ma poche.Il était content comme tout. Zut ! j'ai oublié de lui demander un reçu pour ma note de frais.

Le mot du jour
Bouriate

Nous sommes entrés en Bouriatie, une petite république autonome – un million d'habitants – qui tire son nom de celui d'un peuple de nomades, proche des Mongols, qui régnaient sur ces terres avant l'arrivée des cosaques russes. Les contacts furent parfois rugueux.
Les Bouriates sont bouddhistes.

La citation du jour

Ainsi, toujours poussés vers de nouveaux rivages,
Dans la nuit éternelle emportés sans retour,
Ne pourrons-nous jamais sur l'océan des âges
Jeter l'ancre un seul jour ?
(Alphonse de Lamartine, Le Lac*)*

▲Babouchkine, sur les rives du lac.

▼Arrivée à Ulan Oude, en Bouriatie.

Paysage de Bouriatie.

Le village de Burna Choa, témoin de l'Histoire russe.

26 juin, OULAN-OUDE – TCHITA
kilométrage journée : 694
kilométrage depuis Brest : 11532 >>>>>>

Tout là-haut sur la colline, chez les Bouriates

Grosse étape, aujourd'hui. Six cent cinquante kilomètres entre Oulan-Oude et Tchita. Avec une grosse envie de traîner les pieds dans cette attachante république autonome de Bouriatie. D'y passer encore quelques heures pour éviter des regrets, peut-être éternels. Ce pays est attachant parce qu'il marque une vraie rupture de culture. Le cousinage des Bouriates avec les Mongols est étonnant et lui donne un caractère original. Là, oui, nous sommes en Asie. Pourtant, cette terre est profondément marquée par les Russes, qui y sont largement majoritaires. Mais les deux populations vivent en parfaite harmonie. L'une avec sa tradition orthodoxe et sa longue histoire de conquête ; l'autre avec son bouddhisme paisible et festif, ses traits orientaux marqués et son passé de peuple éleveur et nomade.

Notre première escapade hors de la M55, qui conduit à Vladivostok, nous a plongés dans l'histoire des Russes de cette terre lointaine. Car le village de Burna Choa est plus russe que russe. Son passé remonte au XVIIIe siècle. Catherine II, aussi impérialiste que son père Pierre le Grand, avait « envoyé » des paysans de la Russie occidentale pour coloniser ces nouvelles terres, à l'autre bout du continent, loin de tout, destinés à

l'oubli. Dans les années 1930, les nouveaux maîtres de la Russie, qui n'imaginaient pas que la Sibérie la plus extrême puisse échapper à leur entreprise de collectivisation, « déplacèrent » des milliers de petits propriétaires terriens de Russie occidentale, d'Ukraine et même de Pologne, pour venir donner leurs bras aux kolkhozes imaginés à la dimension de cette région au climat rude, mais à la terre profonde et fertile.

Aujourd'hui, ces kolkhozes n'existent plus, et leurs bâtiments en ruine bordent la route et donnent à un paysage impressionnant une émouvante touche de désolation. Tous les villages qui s'étaient construits autour de ces complexes dorment du sommeil de la mort.

À Burna Choa, une structure collective existe encore et laisse à ses paysans le droit de cultiver pour eux-mêmes quelques ares. Feodor en a demandé cent cinquante. Il est dans son champ, à sarcler les pommes de terre avec sa femme et son fils, venu lui donner un coup de main. Il peste contre la sécheresse mais espère bien récolter, en août, de quoi nourrir toute sa famille. Et même plus. Le bonheur, aujourd'hui, est la venue, dans le champ, de sa petite-fille, Nastasia. Blonde comme un champ de blé de l'ancien temps. Mais Feodor, lui, ce qu'il attend, c'est la venue d'un petit-fils. Il n'est pas encore dans le ventre de sa mère, mais il viendra, c'est sûr. « Et il perpétuera ma famille et mon nom. Il s'appellera Igor. » La belle-fille sourit.

Feodor

Au village, qu'un pont agonisant sépare du champ de Feodor, la petite épicerie est le lieu de toutes les rencontres. Gala, jolie jeune femme, tient la boutique. Mais elle retourne à son comptoir dès qu'Olga fait irruption dans le magasin. Notre présence l'a attirée, comme une guêpe sur un pot de confiture. Car elle a des choses à dire. Elle est justement descendante de l'une de ces familles venues de l'ouest, dans les années 1930. D'où ? Elle ne sait pas trop. « Ma grand-mère est décédée avant de m'avoir tout expliqué. » Mais elle est russe, elle peut même aller revêtir son costume traditionnel. « Un costume comme il n'y en a même plus chez les Russes ! »

Petite collectivité perdue chez les Bouriates, ces Russes ont, en effet, gardé intactes des traditions depuis longtemps perdues dans les terres occidentales. Celle, par exemple, des isbas peintes avec soin, goût et originalité. Des œuvres d'art. Une promenade dans la rue centrale – c'est la seule – de Burna Choa vaut toutes les visites du meilleur des écomusées de Russie. Chacune de ces modestes façades laisse imaginer le message que l'habitant des lieux voulait donner aux voisins et aux passants…

Les Bouriates ? Nous les retrouverons quelques kilomètres plus loin, en tournant à gauche, nous avait-on expliqué, après le poste de police, lui aussi déserté. Quelques kilomètres qui ouvrent un autre monde. Tout d'un coup, après des jours passés dans la forêt, dans la Taïga, la steppe étale ses horizons ondulants, ses collines aux pentes arrondies. Son désert vert.

Oulan-Tuya est un tout petit village. Mais pas au point d'être abandonné ! Il est pourtant vide de tous ses habitants. Sauf quelques jeunes qui nous ont dépassés en voiture, roulant comme des fous, et qui font halte à l'épicerie locale, si petite que trois clients font une queue sur la rue. « Bien sûr qu'il n'y a personne !

L'épicerie de Burna Choa, lieu de toutes les rencontres.

C'est le jour de la fête, tout le monde est sur la montagne ! C'est là-bas… »

Le geste est vague, la route incertaine. Mais un temple bouddhiste, coloré comme un char de carnaval, nous sert de repère. Et le jeune moine novice que nous réveillons, Alda, nous explique que nous serons les bienvenus sur la colline où se déroule la fête et dont nous apercevons l'agitation au-dessus de nos têtes Il n'y a pas de chemin, pas même une piste, mais nous y arrivons. Même si rien ne la distingue d'une autre, cette colline est sacrée pour les Bouriates, qui ont conservé une pratique du bouddhisme originelle, propre à leur peuple, proche du lamaïsme, mais toujours largement inspirée par le chamanisme ancestral. Bâti comme un lutteur, l'habit orange et rouge un peu fatigué, le rasoir oublié, le lama Aldar – la « Gloire », en bouriate – suivi comme son ombre par son disciple, officie en toute humilité au milieu de ses fidèles.

Au sommet de Zhargalanta – le « Bonheur » – les Bouriates dressent depuis des années un faisceau de branches de bouleau, déposent à son pied des cadeaux, toujours modestes – des kopecks – et brûlent, sur un foyer de pierres monté à côté, des gâteaux, des bonbons, des pâtes de fruits… On disperse aussi quelques gouttes de vodka autour de cet autel d'une simplicité cosmique.

« C'est la fête de nos esprits locaux avec lesquels le chaman communique», explique Dougar, une jeune femme trop heureuse de parler un peu français, une langue qu'elle vient de commencer à apprendre à l'université d'Oulan-Oude. »

Soudain, sans aucune raison apparente, les fidèles s'éparpillent comme une volée de moineaux. Une invraisemblable colonne, dans laquelle se mêlent des side-cars antédiluviens et des 4 x 4 japonais rutilants, des *Lada* asthmatiques et des *Nissan* tout juste

Alda, jeune moine boudhiste.

Le lama Aldar
officie en haut de la colline.

importées, qui n'ont pas encore d'immatriculation, part dans le plus grand désordre pour une autre colline, elle aussi sacrée. Dans un désordre qui n'oublie personne. Ni une grand-mère, ni un bébé. Nous, nous les laissons. Pour reprendre la route, encore longue, de Tchita. Les policiers, qui faisaient jusqu'à présent partie du décor, sont remplacés par des pompiers de garde. Il fait 40°C. Les incendies menacent. Les précédents ont déjà laissé de profondes meurtrissures dans un paysage toujours sublime et nouveau. La Sibérie n'est pas uniforme.
L'arrivée à Tchita est plus laborieuse et la ville apparaît agressive et sans charme. Elle fut longtemps interdite. Pour des raisons militaires. Ce n'est plus le cas. Tchita se livrera peut-être demain…
Oui, nous avons changé de continent. La frontière chinoise est à une centaine de kilomètres.

Record du jour

Grosse chaleur tout au long de l'après-midi, sur la route de Tchita. 40°C à l'ombre. Mais, comme on dit, personne ne nous obligeait à rester à l'ombre.

Point H

Nous avons encore écopé d'une heure en six cent cinquante kilomètres. Nous sommes maintenant à six heures de Moscou et à huit heures de Brest-même.

Canicule…

Parfois, la route nous fait le cadeau d'un long ruban d'asphalte fraîchement posé.

27 juin, TCHITA – TCHERNICHEVSK
kilométrage journée : 308
kilométrage depuis Brest : 11 840 >>>>>>>>>>>>>>>>>>>>>>>>>>>>>>>>>

SUR LE GRAND TOBOGGAN

Nous avons quitté Tchita avec un sentiment de culpabilité. Celui de ne pas avoir passé quelques heures de plus dans cette ville pour dissiper la mauvaise impression qu'elle nous avait laissée la vieille. Pardon à Tchita, comme dirait Sergueï.

La route vers Tchernichevsk allait vite noyer ces remords dans un défilé de paysages extraordinaires, les plus beaux et les plus envoûtants depuis que nous naviguons en Sibérie. Des collines douces, usées par le temps, au milieu desquelles le ruban de bitume ou de terre file en ligne droite, jusqu'à se perdre dans le ciel, avant de replonger dans un nouveau décor de vallons verdoyants. Et ainsi de suite. Pourtant, ce toboggan incessant ne laisse jamais imaginer qu'il est sans fin. On sent déjà avec certitude qu'un jour prochain, le sommet d'une côte nous fera découvrir la mer.

La Sibérie a aussi ceci d'étonnant, que son immensité est faussement désertique. La vie y est partout présente, discrète. Improbable, mais bien réelle, même si la circulation devient de plus en plus clairsemée. On

La famille Stipanovna en week-end.

la rencontre, par exemple, sur des parkings routiers où des petits autocars sortis d'un chemin qui ne figure sur aucune carte emmènent des gens ailleurs. D'où viennent-ils ? « Mais de la raffinerie de gaz, là-bas… » « Là-bas », en Sibérie, s'accompagne toujours d'un geste vague qui pourrait sembler agacé s'il n'émanait de gens d'une extrême gentillesse et d'une convivialité à la mesure de leur isolement.

Derrière les vitres, les enfants dorment et les adultes transpirent. Dehors, les chauffeurs, Youri et Guenadi, bavardent et fument leur cigarette. C'est ici qu'ils se croisent chaque jour. Dans quelques minutes, ils repartiront chacun dans leur sens. On ne peut s'empêcher d'imaginer ce que devient cette vie quand le soleil prend ses congés et que le mercure dégringole à – 40°C aussi facilement qu'il est grimpé aujourd'hui à + 40°C.

À une cinquantaine de kilomètres de Tchita, la route enjambe une petite rivière. Au niveau d'un gué, elle offre une petite plage de sable brun. Ludmila Stipanovna et sa famille l'ont investie le temps d'un week-end. Sous un bouleau, elles ont planté une petite tente. Que des femmes. Irena et Tania, ses deux filles qui travaillent pour l'armée ; Ludmila, Svetlana et Dacha,

ses petites-filles. Tout le monde est en maillot de bain et barbote dans l'eau fraîche, pour le plus grand bonheur de Marseï, la chienne, qui est aussi du voyage. L'endroit serait idyllique s'il n'y avait ses fichues bestioles qui vous obligent à agiter constamment autour de vous une serviette ou une branche feuillue.
« Comme des vaches avec leur queue ! » s'amuse Ludmila. Son corps est couvert de tatouages. Jusque sur ses genoux. Le signe, en Russie, qu'elle a connu la prison. Pourquoi ? Babouchka ne veut pas en parler, pas plus qu'elle ne veut se laisser photographier.
« J'ai vécu des choses difficiles, mais, aujourd'hui, je connais le bonheur au milieu de ma famille. »
Quelques kilomètres plus loin, Mikhaïl n'est pas en vacances, lui. Il veille au pied de son camion rouge, perché au-dessus de la route. Mikhaïl est l'un des quatorze pompiers professionnels du service incendie de Vernavchila, le village voisin. « Du mois de mai jusqu'aux premières pluies, en septembre ou octobre, je passe douze heures par jour ici, de 10 heures du matin à 10 heures du soir, pour veiller aux incendies. » Les alertes lui sont données par une base de l'aviation militaire toute proche. « Lorsqu'un incendie se déclare nous partons, équipés d'un sac à dos rempli d'eau et, avec une pompe, nous aspergeons le sol. Si le feu gagne la cime des arbres, c'est foutu. Nous ne pouvons plus rien faire. Et c'est dangereux. L'an dernier, des centaines d'hectares sont partis en fumées. Cette année, il y a eu moins d'incendies. Pour l'instant, mais nous sommes encore dans la période la plus risquée et c'est sec. Ce sont souvent les touristes qui sont à l'origine de ces feux. »
En attendant un drame qu'il ne souhaite pas, Mickhaël s'ennuie. « Douze heures sous le soleil, c'est long. » Alors, de temps en temps, il s'offre une petite douche à l'eau toujours fraîche de la citerne de son camion. Ainsi va la vie en Sibérie. Les arbres brûlent quand les pompiers crament.

Le cadeau du jour

Dans le restaurant où nous nous sommes arrêtés ce midi, les armoires réfrigérées ne contenaient que des bouteilles de vodka. Normal, les Sibériens ont la réputation de picoler sec. Eh ! non ! les clients du week-end avaient complètement asséché les réserves d'eau minérale du petit établissement.

La pensée du jour

« Quand la Sibérie, y a vraiment plus de raisons de pleurer. »
(Yves Éco, Pensées*)*

▲ Mikhaïl le pompier, aux aguets 12 heures par jour.

▼ Par 40°C, les passagers des bus suffoquent.

28 juin, TCHERNICHEVSK – SKOVORODINO
kilométrage journée : 653
kilométrage depuis Brest : 12 493 >>>>>>>>>>>>>>>>>

La Sibérie, bien chaussée, c'est le pied !

Les routes russes ont mauvaise réputation. À juste titre. Les Sibériennes en particulier. Pourtant ces dernières, entre Tchernichevsk et Skovorodino – six cent cinquante kilomètres – nous ont réservé une bonne surprise. Au lieu des mauvais sentiers forestiers que nous attendions – et sans parler des paysages toujours aussi envoûtants que nous avons traversés – elles nous ont offert un fin et lisse ruban de bitume, tout frais posé. Nous laissons de bien pires souvenirs routiers derrière nous.
Les quelques dizaines de kilomètres qui ont encore secoué nos 4 x 4 étaient facilement négociables et déjà occupés par d'incessants chantiers qui augurent des jours meilleurs pour ceux qui emprunteront cette route dont on croit de plus en plus qu'elle a une fin.
Cette journée nous a surtout fait mesurer le travail titanesque que représentent la construction et l'entretien d'une vraie route dans ces terrains accidentés, marécageux, quand chaque colline franchie se ferme sur une autre, qu'il faudra à nouveau gravir, à coups de remblais impressionnants et de ponts sur

Cantonnier en Sibérie, entre chaleur et insectes .

des rivières ou des ruisseaux qui paressent aujourd'hui mais que, demain, un dégel rendra tumultueux comme un torrent.

Quand on sait, aussi, que ces routes supporteront des + 40°C, comme aujourd'hui, et des – 40°C au cœur de l'hiver, et qu'il n'y a que quelques mois pour s'en occuper. C'est maintenant. Les ouvriers des chantiers se hâtent de déverser les tonnes de graviers et de goudron, dans des conditions difficiles. La chaleur est étouffante et les insectes infatigables.

On nous avait pourtant promis le pire. Mais il est vrai qu'il ne faut jamais se fier à un Russe pour tout ce qui concerne la route. Il fait preuve, en cette matière, d'une fantaisie qui l'amène à vous donner des informations approximatives, voire contradictoires. Un kilométrage, un temps de route, l'état d'une chaussée sont autant d'éléments qui ignorent sa logique. À l'image des panneaux routiers qui vous annoncent une ville à 1850 kilomètres et, un rond-point plus loin à 1900. Ou une ligne blanche continue qui vous interdit de doubler dans une ligne droite dont on ne voit pas le bout, mais qui se mettra en pointillé dans une courbe sans visibilité.

À Oulan-Oude, le patron d'une station-service où nous étions venus refaire une beauté à nos montures

L'étoile noire tatouée sur les genoux signifie que l'homme ne s'agenouillera jamais devant quiconque.

Les chauffeurs ramènent vers Irkoutsk les véhicules d'importation japonaise.

Skovorodino, une étape spartiate !

nous avait annoncé, carte dépliée sur le capot, des jours dramatiques. Nous allions plonger dans l'enfer. Des routes à faire rendre l'âme à un char d'assaut, des bandits sans foi ni loi, qui nous laisseraient en slip sur le bord du chemin, voire les tripes à l'air. Il n'y aurait plus d'hôtels – ce qui est en partie vrai – et il nous faudrait dormir, sur des parkings, dans nos camionnettes, en compagnie de quelques routiers, eux-mêmes terrorisés.

Nous sommes ce soir à Skovorodino, à la terrasse d'un café. Nous avons acheté une petite bouteille de vodka – les voitures dorment déjà – que nous partageons avec le clochard qui veille à l'entrée de la boutique – et qui a immédiatement investi dans une bière les quarante roubles que nous lui avons donnés – et Ruslan. La trentaine rigolarde, le crâne rasé comme il convient ici, il travaille dans un centre de contrôle automobile. Ses clients ? « Toute la ville ! Je ne suis pas près d'être en chômage ! » Il nous dit aussi qu'il connaît des passages secrets pour aller en Chine – c'est à soixante kilomètres – chasser et pêcher.

Ruslan nous dit encore – la vodka déliant les langues, même celles que l'on ne comprend pas – qu'il en a marre de cette petite ville (15 000 habitants) où tout le monde sait tout sur tout le monde. Et qu'il n'est pas normal que l'argent du pétrole qui passe « sous » le fleuve Amour – c'est le fleuve qui délimite la frontière avec la Chine – parte à Moscou et laisse Skovorodino avec ses rues défoncées, ses pannes de courant et ses immeubles aux façades déglinguées. Nous dormons dans l'un de ces immeubles. La gardienne, robuste Sibérienne, nous y attend. Les sandales, aussi. On ne rentre pas en chaussures chez elle. Car nous sommes chez elle. Sa loge jouxte les w-c et la douche,

À Skovorodino, le verre de l'amitié en compagnie de Ruslan.

Adam, 60 000 km au compteur, respect !

partagés par les locataires du rez-de-chaussée. Elle est d'une gentillesse attentionnée et ronfle sans excès. Car, bien sûr, elle est restée là toute la nuit.
Notre intimité aura été la sienne. Et nous avons dormi du sommeil du juste. Vous imaginez des voyous contraints d'enfiler des sandales avant de nous détrousser ?
Nous avons été heureux à Skovorodino.

La route, libre

Plus on avance vers l'est, plus la circulation se fait rare. Et la route libre. Plus de contrôles, plus de policiers. Les stations-service, les relais routiers n'accueillent que quelques camions et les chauffeurs qui remontent vers Irkoutsk des voitures japonaises importées et achetées à Vladivostok. Pour les protéger des agressions d'une route qui reste difficile, tous les chromes sont couverts de papier adhésif. Et les vitres, y compris le pare-brise, gardent intactes les inscriptions indiquant les options qui ont pu séduire l'acheteur sur le marché de Vladivostok : lecteur de DVD, essuie-glace arrière, climatisation…
Poutine a donné un sérieux coup de frein à ce joyeux et lucratif trafic en augmentant les taxes d'importation, pour favoriser l'achat de voitures russes dont personne ne veut plus. Les Japonais lui ont répondu en concevant des voitures encore moins chères. On les repère facilement, elles ont le volant à droite. « C'est moins intéressant qu'avant, mais ça va », explique Vladimir, en écrasant quelques taons qui l'ennuient, sur la terrasse du relais routier, écrasé de chaleur, où il avale une bouteille d'eau avant de reprendre le volant. Dans la remorque de son vieux camion, une quinzaine de voitures sont rangées sur deux niveaux. Sa gueule de bagnard, ses paluches à desserrer un écrou sans clef et quelques tatouages laissent imaginer que les emmerdes, sur ces routes aventureuses, sont pour les autres… Il a déjà payé le prix de la liberté.

Les rencontres du jour

Adam est israélien. Il est particulièrement heureux lorsqu'il range sa moto devant le petit café. Il vient de boucler son soixante millième kilomètres.
L'Afrique, le Sud-Est asiatique, l'Inde, le Japon s'affichent à son compteur. Alexeï, lui, est moscovite En mars dernier, il a pris l'avion pour New Delhi. Et, depuis, il fait du stop pour rentrer chez lui. L'inde, le Népal, la Chine…
Seul petit problème, son appareil photo a baissé le pouce avant lui.

La phrase du jour

« Quand le Sibérien, les autres n'y peuvent pas grand-chose non plus. »
(Yves Éco, Pensées*)*

Air sec et canicule provoquent de nombreux incendies.

29 juin, SKOVORODINO – SVOBODNY
kilométrage journée : 495
kilométrage depuis Brest : 12 988 >>>>>>>>>>>>>>>>>>>>>>>>>>>>>>>>>>>>

Y AVAIT LE FEU AU LAC

Petite étape de transition, aujourd'hui. Entre Skovorodino et Svobodny, la route est, il faut bien le dire, un peu ennuyeuse. Elle traverse un pays de lacs et de marécages dans lesquels les bouleaux ont bien du mal à gagner leur ciel.

Mais l'humidité de la terre est insuffisante pour épargner cette végétation besogneuse des incendies, véritable calamité de la Sibérie estivale. Nous en longeons un que le vent pousse vers la route. Les pompiers sont à pied d'œuvre mais semblent résignés devant ces flammes qui courent dans les herbes et grimpent aux arbres comme des fusées.

Il faut bien constater que leurs armes sont dramatiquement dérisoires face à un tel ennemi. Les soldats du feu sont équipés d'un sac à dos – genre appareil à traiter de jardiniers amateurs – contenant une quinzaine de litres d'eau, qu'ils dispersent sans conviction sur les flammes.

Et une manifestation d'impuissance pour des pompiers sans véritables moyens de lutter.

Sergueï, avec un opportunisme propre aux Russes, profite de la circonstance pour demander à un jeune sapeur de lui offrir une petite douche rafraîchissante sur le bord de la route. Enfin, Sergueï ! Déjà que le monsieur n'a qu'une quinzaine de litres d'eau… « Bof ! explique le jeune pompier qui accédé avec le sourire à la requête de son compatriote, de toute façon, ce qu'on fait, ça ne sert à rien. Dès qu'on a tourné le dos, le feu repart… » Bof ! en effet.

Pour nous remettre de nos émotions, nous nous offrons une succulente petite brochette, préparée avec un soin de forgeron par Gamlet, un Arménien. Il est venu ici faire son service militaire et n'est plus jamais reparti. Il a trouvé la Sibérienne de sa vie. Et, depuis trente ans, il fait le cuistot.

À Svobodny, ville sans histoire – elle a été créée en 1912 – notre hôtel donne sur la grand-place. Sa façade offre une belle terrasse ombragée, au bout de laquelle Natasha fait aussi des brochettes. À côté, sa copine vend des glaces. Anton est aux anges.

En fin de soirée, un orage éclate, avec des coups de tonnerre à réveiller les tympans d'un sourd.

ШАШЛЫК
LE GRAND RAID
Salaun
PouchKine
Intourist
IVECO

Поешъ как человек!

Il pleut dru. Le meilleur restaurant sera le plus proche. Le mauvais temps fait parfois bien les choses. Le dîner est excellent.
En rentrant à l'hôtel, nous sommes bloqués devant la porte par un militaire. Un colosse. Il veut savoir qui nous sommes. « Français ? Normandie-Niemen ! » Il est colonel dans l'armée de l'air et veut nous inviter à boire un coup. Il trace un trait de l'index sur sa gorge. En langage russe, ça veut dire qu'il est bourré, comme chez nous quand on tourne le poing fermé devant son nez. C'est pas qu'il m'intimide – on en a assommé quelques-uns avant – mais je lui explique que, demain, on conduit. « Et moi je vole ! » répond-il en riant. Affirmatif, mon colonel, mais, dans le ciel, y a pas de flics… Il n'en a effectivement jamais vu.
Ainsi allait la route, aujourd'hui.

La bébête du jour

Le moustique sibérien

Voici deux petits trucs faciles pour ne pas confondre un moustique sibérien et un Canadair.

1 Le Canadair est le plus souvent de couleur orange ou jaune. Le moustique sibérien est tout banalement gris, genre avion furtif. Si vous le voyez d'une autre couleur, c'est qu'il a passé une petite laine en prévision d'un patient plein de sang froid ou que vous devriez changer de marque de vodka.
2 Contrairement au Canadair, le moustique sibérien vole sans bruit, ce qui rend ses attaques particulièrement pernicieuses. Vous ne l'avez pas encore entendu arriver à la station-service qu'il est déjà reparti avec le plein et les points de fidélité pour le cadeau des enfants.
En revanche, il est vrai que le Canadair et le moustique sibérien ont à peu près la même capacité de stockage de liquide en vol.
Par ailleurs, dans la mesure où il est reconnu que seule la femelle pique, on peut en déduire que les moustiques mâles sont très peu nombreux en Sibérie. Ce qui n'empêche pas l'espèce d'y proliférer sans retenue.
Enfin, ayez toujours sur vous votre carte de groupe sanguin. En cas de piqûres multiples, une transfusion pourra s'imposer.

Notes d'hôtel

À Tchernichevsk, faute d'hôtels dans la ville, nous avons été logés dans un immeuble collectif kroutchevien. Deux par chambre – dont une avec cuisine – et douche sur le palier, à partager avec les locataires de six autres appartements. Après vous, madame, je n'en ferai rien… À Skovorodino, chacun avait sa chambre. La gardienne aussi, qui a dormi sur place. Les w-c et la douche, collectifs, donnaient directement sur sa coquette petite loge. À Svobodny, nos chambres étaient au quatrième étage (sans ascenseur), la douche avec eau chaude au troisième et la Wi-Fi fonctionnait correctement sur la grand-place.
Mais, au niveau gentillesse et hospitalité, on ne compte plus les étoiles. C'est le firmament.

Point G

Nous sommes entrés dans la région de l'Amour. C'est le joli nom du fleuve qui sépare la Russie de la Chine. Sa capitale, Blagovechtchensk, est située juste à la frontière. Joli nom ? en bouriate, cela signifie sale et boueux. Continuons donc à rêver en français.

Point mercure

On flirte depuis trois jours avec les 40°C. 47°C, lundi soir, selon une Sibérienne sans ombrage.

La phrase du jour

« La route est un long ruban qui défile, qui défile, et se perd à l'infini loin des villes, loin des villes… »
(Francis Lemarque, Les Routiers, chanson)

Gamlet, Maître «es brochettes».

Gymkhana entre les engins de chantier.

30 juin, SVOBODNY – BIROBIDJAN
kilométrage journée : 587
kilométrage depuis Brest : 13 575 >>>>>>>>>>>

Birobidjan, le paradis est proche de l'enfer

Il reste désormais un peu moins de mille neuf cents kilomètres pour atteindre Vladivostok. On nous assure que la route est bonne jusqu'au port du Pacifique. On veut bien le croire. L'étape d'aujourd'hui nous a réservé, en ce domaine, une bien mauvaise surprise. Plus d'une centaine de kilomètres d'une route infernale, comme nous en avions peu connu jusqu'à présent. Au milieu d'engins de chantiers, il était parfois difficile de trouver son chemin entre des trous énormes dans un terrain sablonneux, et des plages de goudron faussement plates encore plus dangereuses car on y roule un peu plus vite. Deux bonnes heures de shaker pour un cocktail sibérien bien frappé.

Détail cocasse, cette portion de route infâme est à soixante-dix kilomètres d'une immense stèle qui célèbre la liaison routière enfin terminée de Moscou à Vladivostok. Le dernier bac encore en service était remplacé par un superbe pont. Vladimir Poutine était venu l'inaugurer en hélicoptère, laissant croire au bon peuple russe qu'un long ruban de bitume doux comme

Birobidjan, capitale de la région autonome des Juifs.

un billard reliait désormais la capitale de la fédération à son port le plus oriental. Il avait oublié de préciser que c'était un billard à trous !

L'arrivée à Birobidjan est donc savourée avec un plaisir particulier. D'autant que la capitale de cette petite région autonome, proche de la frontière chinoise, est une ville très agréable. Avec des espaces et une Croisette qui longe une jolie rivière, la Bira. En cette chaude soirée d'été, l'ambiance est festive et la population, très cosmopolite, d'humeur joyeuse. Pourtant l'histoire de cette région est à la fois étonnante et dramatique.

En 1928, le pouvoir central soviétique invite les juifs à se regrouper autour de la petite ville de Birobidjan, pauvre et paumée aux confins de la Russie et de la Chine.

En 1934, Staline va encore plus loin en créant une « République autonome des Juifs ». Une manière, en apparence douce, de « régler » la question juive dans un pays alors profondément antisémite. Les juifs affluent dans cette région inconnue, du reste de la Russie et d'ailleurs.

En 1949, ils vont découvrir que ce n'est pas vraiment le pays où coulent le lait et le miel qui leur a été offert. L'antisémitisme russe prend, en cette année 1949,

30
LE GRAND RAID
Salaün
Pouchkine
MASSIF
IVECO
AQ 643 XA

Montagnes russes.

un caractère férocement répressif. L'identité de la petite région devenue prospère est brisée à la méthode stalinienne. Tous les centres culturels et religieux juifs sont fermés, ainsi que les écoles, les théâtres, les journaux... Le rêve se termine en cauchemar et beaucoup de juifs émigrent vers le nouvel État d'Israël, créé l'année précédente.
En 1991, Birobidjan acquiert le statut de région autonome. Mais les juifs ne représentent plus que 5 % de la population totale (115 000 habitants au total). Pourtant, de nombreux signes de ce passé étonnant et peu connu subsistent dans la ville, où la petite communauté maintient ses traditions culturelles et religieuses et continue à enseigner le yiddish. Dans une harmonie retrouvée.
Birobidjan a une âme.

Le fait du jour

Raoul a encore eu un petit ennui mécanique. Ses suspensions arrière ont pris un méchant coup sur les routes oubliées par Poutine. Oui, encore. Mais il faut préciser que Raoul ouvre toujours la route. Les pièges invisibles, les trous cachés, les ornières vicieuses, les freinages de dernière seconde, les coups de volant désespérés sont toujours pour lui. Deux gros axes qui maintiennent les lames de suspension ont été cisaillés dans un choc plus violent que les autres. On lui a trouvé, dès notre arrivée à Birobidjan, un mécanicien du cru qui l'a remis d'aplomb en trois heures. Du solide. Pour un prix qui, dans un garage français, ne vous donnerait même pas le droit de serrer la main du chef d'atelier.
Raoul est fin prêt pour la dernière ligne droite.

La mode du jour

À Birobidjan, une ribambelle de jeunes filles aux jambes interminables arpentaient les rues de la ville, pomponnées comme des starlettes à Cannes. Elles fêtaient la fin de leurs études au collège. Un seul accessoire manquait à leur tenue de soirée : le petit sac à main. Les Sibériennes le remplacent le plus souvent par une canette , voire, carrément une bouteille de deux litres de bière avec une petite anse pour la porter. Balancée avec désinvolture à bout de bras, c'est très élégant.

Point H

Nous avons à nouveau perdu une heure en franchissant la frontière de la région autonome de Birobidjan. Neuf heures de décalage nous séparent désormais de Brest. Et sept de Moscou.
Nous ne changerons plus de fuseau d'ici à Vladivostok. Les deux derniers ne couvrent que la partie nord-est de la Sibérie.

La phrase du jour

« Les jambes des femmes sont des compas qui arpentent le globe terrestre en tout sens, lui donnant son équilibre et son harmonie. »
(François Truffaut, L'Homme qui aimait les femmes*)*

▲Le monument inauguré par Poutine qui marque la fin de la construction de la route entre Moscou et Vladivostok.

▼Célébration de fin d'études à Birobidjan.

La synagogue et la gare de Birobidjan.

1er juillet, BIROBIDJAN – KHABAROVSK
kilométrage journée : 190
kilométrage depuis Brest : 13 765 >>>>>>>>

UN BOUT DE ROUTE AVEC LE PRÉSIDENT MEDVEDEV

Ce matin, la fièvre régnait à Birobidjan. Le président Dmitri Medvedev était attendu le lendemain. Déjà, à hôtel, la tension était perceptible. La grande porte d'entrée était condamnée et les couloirs étaient remplis de militaires, de policiers et de fonctionnaires divers venus, en avant-garde, préparer la venue du patron.

À la synagogue et au centre culturel juif, on était au bord de la crise de nerfs. Une armée de bénévoles traquait les mauvaises herbes dans les jardins et les parterres, briquait les planchers, redonnait un coup de peinture ici, remplaçait une ampoule là... Nous, on voulait simplement rencontrer quelques membres de la communauté pour savoir comment ils vivaient leur identité, en connaître un peu plus sur leur étonnante histoire. On a vite compris que l'on dérangeait. Le chef de l'endroit, excité comme s'il venait d'apprendre que Moïse avait retraversé la mer Rouge, nous l'a d'ailleurs sèchement expliqué.

Demain, il accueille le président de toutes les Russies et il a d'autres choses à faire que de répondre à des questions vaseuses qui pourraient être dérangeantes et dont les réponses seraient susceptibles d'agacer le prestigieux visiteur et qu'ils en ont déjà assez bavé comme ça et que ce n'était même pas la peine que l'on repasse.

Enfin, je traduis approximativement, car même Sergueï n'a pas réussi à canaliser le débit verbal de notre

Mannequin du bout du monde.

interlocuteur, dont on se demande dans quel état il sera lorsqu'il se retrouvera en tête à tête avec le maître du Kremlin. Souhaitons pour lui que Poutine ne soit pas de la fête. D'un simple regard, il enverrait le brave homme rejoindre Abraham. Un peu dépités mais compréhensifs, nous nous excusons de lui demander pardon, et nous prenons la route de Khabarovsk.

Cent quatre-vingts kilomètres, notre plus courte étape, menée au petit trot. Pour apprendre, dès notre arrivée à l'hôtel, que le président Medvedev sera là demain ! S'il veut vraiment nous voir, nous, on n'a rien contre, mais faudrait que ses services calent un peu mieux ses déplacements. Et qu'au moins, ils prennent contact. Même à la bonne franquette, une telle rencontre ne s'improvise pas ! Le champagne se boit frais. Surtout quand il a quatorze mille bornes sous le bouchon.

Mais ce n'était pas fini.

Dans la soirée, Anton, qui furète dans son pays avec une curiosité insatiable et un bonheur qui fait le nôtre, est revenu à l'hôtel porteur d'une très mauvaise nouvelle. En raison de la venue du président, la vente de bière et d'alcool sera interdite demain sur les promenades de la berge de l'Amour et du grand boulevard Amursky, célèbres pour leurs gargotes populaires de plein air. Pour l'instant, on a maintenu notre programme de découverte de la ville demain. Mais, s'ils nous interdisent de prendre des photos, nous ne répondons plus de Serge. Ni de Sergueï, qui, au début, ne photographiait que les églises orthodoxes, mais s'est découvert, au fil du temps, des talents de photographe de mode. Et toute demande de rencontre de la part du président se verra opposer une fin de non-recevoir.

C'est vrai, ça devient pesant à la longue, Dmitri.

Arrivée à Khabarovsk, sur les rives du fleuve Amour.

De la Sibérie

De même qu'il y a un malentendu sur la notion de continent eurasien, il y en a un autre sur celle de la Sibérie. Y compris pour les géographes. Certains en fixent les frontières à l'Oural pour l'Ouest ; au Pacifique pour l'Est ; au fleuve Amour pour le Sud ; à l'océan Arctique pour le Nord. D'autres définissent deux Sibérie : l'une, occidentale, qui va de l'Oural au fleuve Ienisseï ; l'autre, orientale, qui va du Ienisseï aux chaînes montagneuses qui précèdent le Pacifique.
Le reste – le « *Far East* » russe, qui remonte jusqu'à la presqu'île des Tchouktches au nord et descend jusqu'à la frontière de la Corée – est considéré comme un territoire non sibérien. Là-dessus, les Russes, qui adorent les complications, ont créé des régions administratives, regroupées en trois groupes : la Sibérie occidentale (qui ne commence pas à l'Oural, mais au fleuve Ob), la Sibérie orientale et l'Extrême-Orient russe, à l'est du fleuve Lena.
C'est un peu compliqué, certes, mais important. Si vous dites à un habitant de Khabarovsk qu'il est sibérien, il vous fait la même tête que si vous demandiez à un Alsacien s'il se sent Berrichon. Il est oriental à l'extrême, même s'il apprécie que le Chinois le soit encore un peu plus que lui.

Le goût du jour

J'ai lu quelque part que la bière sibérienne n'avait pas de goût. C'est malheureusement faux.

La phrase du jour

« Un Sibérien vaut mieux que deux quand t'es pas sûr. »
(Yves Éco, Pensées*)*

2 juillet, KHABAROVSK
kilométrage journée : néant
kilométrage depuis Brest : 13 765 >>>>>>>>>>>>>

À Khabarovsk, sous le soleil exactement

Aujourd'hui, Khabarovsk était écrasée de soleil. Sous un ciel plombé et déjà lourd des orages du soir, la ville menait sa vie au ralenti. Les policiers balançaient leur bâton avec indolence, la casquette relevée sur le front, regardant passer les voitures sans appétit. Même les buvettes des allées ombragées du boulevard de l'Amour étaient désertées et livrées aux seuls balayeurs et à quelques promeneuses qui gardaient, dans cette chaleur lénifiante, leur élégance altière, leur insolente grâce et leur pas rapide.

La femme russe explique à elle seule toutes les ambitions conquérantes que ce pays a subies.

C'est sur ce boulevard – celui de l'Amour, je m'égare – que se situe l'un des plus importants marchés de la ville. On y offrait peut-être de l'ombre ? Non, mais on y vendait beaucoup d'autres choses qui firent le bonheur de Sergueï et d'Anton. Une minuscule boutique retint notamment leur attention. Dans un invraisemblable bric-à-brac, on pouvait dénicher un costume de marin avec toutes ses décorations, une statuette en pieds

Les brocantes : le paradis de Sergueïl.

de Hitler, un drapeau avec le portrait de Lénine, un bulldozer miniature… Il ne manquait plus que le raton laveur de Prévert. Sans oublier, bien entendu, dans le plus grand désordre, des centaines de pièces de collection, absolument authentiques aux dires de Viktor, le volubile propriétaire de ce fonds de commerce, dont la réputation, si on l'en croit, a franchi les frontières de la Sibérie. L'honorable commerçant serait même connu à Moscou.

Sergueï a failli craquer pour une icône du XIXe siècle. Il a finalement renoncé. Il faut dire qu'il en a déjà acheté trois tout au long de notre route, découvrant dans chaque ville l'antiquaire local avec un flair de setter chassant la bécasse. Mais que son épouse et ses héritiers se rassurent, le budget familial n'en souffrira pas trop. « Dans ces petites villes, explique Sergueï, ce n'est jamais très cher. Beaucoup moins qu'à Moscou. » Et c'est quand même du XIXe. C'est fou comme ce siècle a pu produire d'icônes…

Anton, toujours à la recherche de son histoire, a acheté des billets de roubles de l'ancienne Union soviétique. Et aussi une flèche d'arc. La tige et l'empennage – fait d'une jolie plume – sont contemporains. La pointe est d'époque et aurait été forgée par un peuple premier

dont, toujours selon Viktor, la population entière de l'Europe descendrait. Elle date du XIe siècle, ce qui ne se discute pas. Une seule incertitude demeure, c'est de savoir si c'est avant ou après Jésus-Christ.
Mais laissons là ces broutilles. Notre souci est désormais de rappeler à Anton qu'il ne doit pas garder ce bel objet dans son bagage à main, lors de l'embarquement pour le vol du retour.
Pour le reste, nous avons constaté, dans les boutiques environnantes, que nous aurions pu acheter à bons prix des tronçonneuses, des filets de pêche, des trousses à outils, des ferrures de porte, des pièges à souris, des haches, des appâts vivants, des dizaines de liqueurs et de plantes aphrodisiaques…
Bref, des tas de trucs dont, dans l'immédiat, nous n'avons pas besoin. Nous aurions pu, en revanche, acheter un joli bouquet de roses. Et l'offrir à celle qui le vendait, Ella, petite princesse bouriate. Lumineuse comme un ciel sans orage, fraîche comme une rosée que le soleil épargnera toujours.

Le mot du jour

Tchout-tchout

Mise en garde d'usage pour un mot russe. *Tchout-tchout*, ça ne s'écrit pas comme ça et, surtout, ça ne se prononce pas du tout comme ça. Il faut un peu fermer le « ou » et adoucir le « t » final. Voilà, vous y êtes, c'est parfait. *Tchout-tchout*, ça veut dire « un petit peu ». Et c'est fou comme les Russes, que l'on imagine plutôt excessifs, font dans le « petit peu ». Du moins en paroles. Car tout est relatif, comme l'explique Sergueï. « Quand tu vas chez quelqu'un et qu'il te propose du thé, tu réponds : *Tchout-tchout*. Et tu repars deux heures plus tard en ayant bu six tasses. »
Avec la vodka, c'est pareil. Ça démarre toujours *tchout-tchout* et ça peut finir en dansant sur la table et en balançant les verres contre le mur.
Fatigué le lendemain ? *Tchout-tchout*.

L'insecte du jour

Sale taon

En Sibérie, le taon ne suspend jamais son vol. C'est un insecte énorme, bâti comme un B 52, et qui vole en escadrille. Mais il cause plus de peur que de mal. Il se pose sur vous très délicatement et repart comme il était venu, un peu comme s'il s'était trompé d'aéroport. Vous avez juste senti une petite piqûre, mais il ne laisse ni bouton ni démangeaison. Et on est loin de l'effusion de sang que peut provoquer le moustique.
Son problème, c'est qu'il ne fait pas propre sur lui.

Ici aussi, les vieilles maisons en bois côtoient les immeubles modernes.

Dernière étape, un temps qui nous rappelle quelque chose...

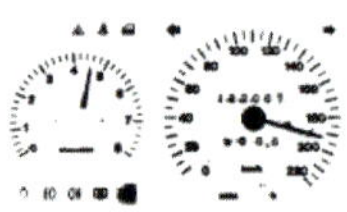

3 juillet, KHABAROVSK – VLADIVOSTOK
kilométrage journée : 763
kilométrage depuis Brest : 14 528 >>>>>>>>>>>>>>>>>>>>>>>>>>>>>>>>>>

À Vladivostok même !

Ça y est, nous y sommes, à Vladivostok ! Samedi, vers 20 heures (heure locale), nous avons vu un bout de Pacifique effacer les paysages de forêts, de lacs et de collines, qui faisaient notre quotidien depuis des semaines.

Cette dernière journée de route fut longue mais agréable, menée avec une certaine nostalgie, car nous savions que l'aventure prenait fin. Ce raid a ressemblé à une navigation. Au début, on se dit qu'elle sera interminable, puis on perd la notion du temps et, enfin, on craint l'arrivée et le retour sur terre. Ces ultimes kilomètres, nous les avons donc particulièrement savourés, dévorant avec gourmandise les bosses, le goudron disloqué et les ornières boueuses qui font tomber les moyennes, mais donnent aussi aux routes russes un caractère unique.

L'arrivée à Vladivostok s'est faite par un temps... brestois ! À se demander si les deux cousines sont

En bas de la rue, le Pacifique !

si éloignées que ça ! Le soleil et les nuages jouaient à cache-cache et le Pacifique alternait grand bleu et grise mine. Cette arrivée se fit aussi dans une ambiance un peu particulière. Le hasard faisant bien les choses, la ville de Vladivostok célèbre ce jour-là son cent cinquantième anniversaire. Ça ne s'invente pas !

Par ailleurs, le président Medvedev – qui nous poursuit depuis Birobidjan – arrivait au même moment dans la ville de Blagovechtchensk. Les haies de policiers et de militaires en grande tenue qui bordaient les vingt derniers kilomètres pour en faire une route triomphale n'étaient donc pas là pour nous…

Tant pis, on a fait comme si ! Il était un peu tard pour nous plonger aussi brutalement dans la fête qui enfiévrait la ville. Nous découvrirons Vladivostok, objet de tant d'efforts et de patience, tranquillement. On n'est plus à un jour près. Pour l'instant, au moment où j'écris ces lignes, le soleil brille sur un Pacifique digne de son nom. Des cargos attendent au mouillage, des voiliers régatent dans la baie, les odeurs de grillades emplissent déjà l'air, les premiers plagistes arrivent…

Un joli dimanche s'annonce sur la plage du Moulin-Blanc… Je voulais dire sur Amursky Zaliv. Vraiment proche, la cousine éloignée!

Devant le port de Vladivostok.

De la Sibérie
Volodia, le routier

Volodia est chauffeur-routier. Il a pris le temps d'une pause et d'un déjeuner rapide avant de reprendre le volant de son camion chinois, un « *Faw* » de quatre cents chevaux. Direction la Chine. Il a chargé du bois à Khabarovsk et va le livrer dans une proche de la frontière. Il reviendra avec des légumes et des vêtements. Un voyage de mille huit cents kilomètres, qu'il renouvelle à longueur d'année. « Les échanges avec la Chine sont importants. Et les Chinois viennent investir chez nous. La scierie où je charge mes planches leur appartient.

– Ça se passe bien avec eux ?

– Oui. Là-bas, les routes sont bonnes, on construit vite, on produit de tout. Le pays se développe. Ici, en Russie, on ne fait rien ! »

Volodia est reparti pour la Chine, toute proche. Voilà quatre jours qu'il a quitté sa famille.

Le mot du jour
Kharasho

Karasho ponctue bien des phrases. Et c'est tant mieux. Car il signifie : « C'est bien, c'est parfait… » C'est un peu l'équivalent du *OK* anglo-saxon.

Notre voyage de Brest à Vladivostok ? *Karasho !*

Nos 15 000 km sont peu de chose par rapport à ceux parcourus par Volodia au cours de son existence…

Olivier Pauly, chef de la rédaction de *Ouest-France* à Brest, et François Cuillandre, maire de Brest, nous ont rejoint à l'arrivée.

6 juillet, VLADIVOSTOK
kilométrage journée : néant
kilométrage depuis Brest : 15 167

>>>>>>>>>>>>>>>>>>>>>>>>>>>> À VLADIVOSTOK, NOUS ÉTIONS

Notre séjour à Vladivostok aura été bref. Trop. Trois jours, c'est peu pour une ville du bout du monde. Un grand port militaire et de commerce. Une péninsule russe enfoncée en terres asiatiques. La Chine est à quelques kilomètres, la Corée guère plus loin et le Japon frappe à la porte. Mais nous sommes en terre russe. Et qui entend le rester et gérer cette appartenance à l'Asie et sa volonté de ne jamais perdre de vue l'Europe. C'est ce que nous a expliqué le maire de la ville, Igor Pouchkarev, qui nous a reçus dans sa mairie avec sympathie et respect. Il sortait pourtant de trois jours de fêtes et, deux jours plus tôt, il avait eu l'honneur de recevoir le président de la Russie, Dmitri Medvedev.

De notre côté, notre modeste délégation s'était enrichie de la présence du maire de Brest. François Cuillandre avait donné, place de la Liberté, à Brest, le 29 juin, le coup d'envoi à notre raid, et il avait tenu à être présent, cinq semaines plus tard, à notre arrivée, accompagné par Olivier Pauly, chef de la rédaction

Les deux maires du bout du monde.

de *Ouest-France* à Brest. Pour bien marquer qu'il est sensible à ce trait d'union, placé sous le signe de l'amitié, que nous avons tiré entre ces deux villes que les distances éloignent mais qu'une histoire commune rapproche. Les deux maires ont trouvé matière à échanger et de multiples raisons à rapprocher leurs deux villes. Les fêtes maritimes de Brest 2012 seront peut-être l'occasion de retrouvailles chaleureuses.

La passion du groupe *Salaün* pour la Russie a, aussi, constitué un sujet d'intérêt pour le maire et ses collaborateurs. « Venez chez nous, nous avons plein de choses à vous montrer. Vladivostok est une ville agréable ! » Ce n'est pas un crachin comme il en tombe, parfois, à Brest qui nous fera penser le contraire. Mon maillot n'est pas encore sec de ma baignade dans un Pacifique d'une tiédeur à faire bouillir un Molénais !

Le protocole – nous sommes en Russie ! – voulait que notre entrevue ne durât pas plus d'une demi-heure. Mais le maire souhaita voir nos voitures, garées, exceptionnellement, sur le petit parking au pied de l'hôtel de ville. Nos vaillants 4 x 4 l'intéressaient. Lui-même, l'an dernier, était allé en voiture jusqu'à Tchita. Alors, Brest !

Puis, il y a eu la presse, la télévision. Comme pour Medvedev !

LE GRAND RAID
BREST VLADIVOSTOK
WWW.SALAUNHOLIDAYS.COM
Salaün Holidays
dimanche ouest france
Intourist
Armorlux
LE GRAND RAID
BREST VLADIVOSTOK
Salaün Holidays
dimanche ouest france
Intourist

Ce n’est qu’un au revoir

Le 5 juillet 2010, vers 19 heures, nous avons coupé le contact de nos deux *Massif Iveco*. Avec une émotion différente des autres arrivées d’étape. Nous venons de boucler notre raid. Mais l’heure n’est pas encore aux bilans.

Nous savons simplement que nous avons fait un beau voyage. Un beau et long voyage. De Brest à Vladivostok. quarante jours, quinze mille kilomètres. Mais les chiffres ne seront jamais le miroir d’un rêve. Car c’est un rêve que nous avons réalisé.

Celui de Michel Salaün, d’abord, qui avait fait de ce raid un défi, un objectif d’excellence, le bel ouvrage d’un homme passionné par la Russie et par le voyage. Jusqu’à l’extrême ! Le nôtre aussi. Car Michel Salaün avait su faire partager ce rêve à Serge Vincenti et à moi-même. Et nous faire confiance pour le mettre en œuvre et l’accomplir. Il y a pires cadeaux.

Le rêve de nos deux compagnons russes, enfin. Tout au long de ces cinq semaines – et plus on s’éloignait de Moscou – nous avons vu Sergueï et Anton découvrir leur pays. Leur immense pays. À la fois étonnés, car peu de leurs concitoyens ont la chance de franchir l’Oural et encore moins d’aller jusqu’à Vladivostok, et toujours sereins et impériaux. Partout, même à neuf fuseaux horaires de Saint-Pétersbourg, ils se sentaient chez eux. Parlaient toujours la même langue. N’avaient peur de personne et ne faisaient peur à personne. Les cosaques de l’impératrice Catherine II ont bien rempli leur mission. La Russie est continentale. Et éternelle, bien sûr.

Un rêve ainsi réalisé est une trop belle chose pour le laisser disparaître dans un sac de linge sale. À Vladivostok, nous n’avons pas jeté les clefs de nos deux 4 x 4 – Raoul et la Boudeuse – fringants comme des dromadaires au sortir d’une oasis. D’autres aventures les attendent. Il nous faut juste le temps de les rêver. Mais nous ne sommes pas inquiets. Nous travaillons dans une société dont la devise est : « *Nous vous offrons le Monde* ». Alors, seul le choix sera difficile…

Nous n'étions pas seuls

Au moment de refermer – provisoirement – ce carnet de route, il nous faut remercier tous les partenaires qui nous ont permis de réaliser ce voyage au long cours dans les meilleures conditions et qui ont toujours été présents lors des moments difficiles.

Dimanche Ouest-France, partenaire de la première heure, qui a assuré un suivi apprécié de notre périple et a envoyé deux reporters nous rejoindre : Didier Aubin, chef du service « Tourisme », pour l'étape de Novossibirsk à Irkoutsk ; Olivier Pauly, chef de rédaction de Brest, à l'arrivée à Vladivostok.

La ville de Brest. François Cuillandre, son maire, a salué, avec une convivialité qui nous a touchés, notre départ. Il nous a ensuite rejoints à Vladivostok, où il a pu, grâce au Raid, rencontrer son homologue de l'autre bout du continent. Notre voyage a ainsi rempli une de ces missions : être un ambassadeur de Brest et de la Bretagne et mêler les eaux du Pacifique et de l'Atlantique dans une amicale poignée de mains. Rendez-vous a été donné aux fêtes maritimes de Brest 2012.

Armor-Lux. Jean-Guy Le Floch, président, et Michel Guéguen, directeur général, sont des amis qui ne font jamais défaut. La ligne de vêtements, qu'ils ont conçue pour nous, a tenu l'équipage au frais ou au chaud, au gré des sautes d'humeur des thermomètres sibériens. Et lui a donné une allure qui inspirait curiosité, respect et sympathie. Même de la part des policiers russes !

Graphibus. Le « grand couturier » nantais des autocars a habillé avec élégance nos rustiques 4 x 4 et offert à nos partenaires une belle vitrine qui attirait les regards et suscitait les questions.

Intourist. Le grand tour-opérateur russe a assuré avec diligence et disponibilité notre hébergement tout au long de notre parcours. Avec ses imprévus et ses étapes sans hôtel !

Dotmobil. Cette entreprise spécialisée dans la géolocalisation a permis aux internautes de suivre kilomètre par kilomètre notre route. Ce qui n'était pas toujours évident dans des zones que les satellites oublient et que les opérateurs téléphoniques négligent…

Pouchkine Tours. L'entité commerciale de *Salaün Holidays* a démontré qu'elle a une connaissance exceptionnelle de la Russie. Merci à Olga Trineeva pour sa disponibilité et son efficacité. Les douaniers russes n'en sont toujours pas revenus !

Scandinavie by Salaün Holidays, qui a assuré nos hébergements et favorisé des découvertes durant la première partie de notre trajet, jusqu'à la frontière russe. Exceptionnel, chère Edwige !

Le service exploitation de Salaün autocars. Le garage a assuré la préparation de nos voitures et a toujours été présent quand nous avons rencontré des petits problèmes mécaniques. Un merci particulier au chef d'atelier, William Halléguen, qui a pu vérifier une fois de plus que les moteurs ne sont pas sensibles aux décalages horaires. Lorsqu'une pièce d'embrayage lâche à 10 heures du matin à Omsk, elle ignore que l'on va réveiller un chef d'atelier à 3 heures du matin, à Pont-de-Buis.

Yannick. Non seulement notre webmaster a conçu le site du Raid, mais il nous a suivis tout au long de notre périple et nous a aidés à assurer une mise en ligne régulière des chroniques et des photos.

Conception graphique
Bruno Pia

Avec la collaboration de
Bernadette Lallouët et de Didier Aubin

Crédits Photos
Serge Vincenti

Texte
Jean Lallouët

Photogravure
Quat'coul
29000 QUIMPER

IMPRIMÉ EN BRETAGNE
Achevé d'imprimer en mars 2011
sur les presses de l'imprimerie Cloître
29800 Saint-Thonan

PEFC
PEFC/10-31-1238
Imprimé sur papier provenant
de forêts gérées durablement.

ISBN 978-2-915002-41-6
Dépôt légal : 1er trimestre 2011

Éditions Géorama
14, rue Boussingault - 29200 BREST
Tél. : 02 98 33 61 72 - Fax : 02 98 33 61 73
www.georama.fr